사이코드라마

차례
Contents

사이코^{드라마란?}

사이코드라마(psychodrama)는 어떤 개인이 자신의 갈등상황을 말로 표현하기보다는 그 상황을 연기함으로써 자신이 가지고 있는 문제의 심리적 차원을 탐구할 수 있도록 돕는 방법이다.

사이코드라마는 모든 사람들이 다양한 인생 단계를 통과하는 역할 연기자라는 가정에 기초하고 있다. 사이코드라마에서 참여자들은 의미 있는 경험을 재현하도록 초대되며 집단의 도움을 받아 자신의 주관적인 세계를 표현하게 된다. 그들은 인생의 각 단계에서 일어날 수 있는 여러 가지 사건들을 사이코드라마를 통해서 재경험한다. 사이코드라마는 스트레스가 되는 생활사건을 극복하고, 그것을 보다 창조적이고 적응적인 방식으로 대처하게 한다. 이를 통해 가상의 보호된 세계 안에서 개인적 진실을 표현할 수 있도록 만드는 것이다.

사이코드라마의 창시자, 모레노

사이코드라마는 모레노(J.L. Moreno)에 의해 시작되었다. 모레노는 1889년 5월 18일 루마니아의 부쿠레슈티에서 6남매 중 첫째로 태어났다. 그는 1925년 미국으로 이주할 때까지 빈(Wien)에서 살았는데, 처음 빈으로 이사하여 그곳의 성경학교에 다녔다.

그가 성경학교에 다니던 시절, 어느 일요일에 부모님이 교회에 나가고 그만 홀로 집에 남게 되었다. 그때 동네 꼬마 친구들이 찾아왔다. 모레노는 집 안에서 친구들과 천사놀이를 했다. 그는 먼저 응접실 책상 위에 피라미드형으로 의자를 높이 쌓아올렸다. 그리고 나서 맨 위에 올라가 앉아서 "나는 하나님이고 너희들은 천사다"라고 말했다. 모레노는 친구들에게 자신이 앉아 있는 의자 주위를 빙빙 돌면서 팔을 양쪽으로 활짝 펴 천사처럼 돌아다니게 했다.

그렇게 천사놀이에 신이 나서 한참 놀고 있는데, 그 중 한 아이가 모레노를 올려다보며 소리쳤다. "모레노, 너 정말 하나님이야?" "그걸 말이라고 해? 나는 하나님이야!" "정말? 그럼 거기서 이 밑으로 뛰어내려봐." 이 말을 들은 모레노는 의자 위에서 밑으로 뛰어내렸다. 그러나 마룻바닥에 떨어진 모레노는 오른팔에 애꿎은 골절상만 입었을 뿐 아무런 기적도 나타

내 보이지 못했다.

이 우스운 천사놀이는 훗날 모레노가 기억하는 최초의 사적인 사이코드라마가 된다. 단순하게만 보이는 천사놀이에 이미 심리극의 요소들이 내포되어 있었던 것이다. 이것은 또한 후에 모레노의 '무대'로 탈바꿈한다.

1910년부터 1917년까지 모레노는 빈 대학교에서 철학과 의학을 공부한다. 학창 시절에 모레노는 왈츠와 술 그리고 여러 가지 재미있는 장난 등으로 청춘을 마음껏 즐기면서 보냈다. 그러나 한편으로는 취미생활로 연극에 열중하기도 했다. 사상적으로는 루소나 페스탈로치 등을 존경했다고 한다.

1913년경, 창녀들이 스스로의 문제를 돕기 위해 모인 모임에서, 그는 집단의 각 개인이 다른 사람들의 치료인자가 된다는 것을 발견했다. 그는 여기에서 '집단의 자율성' '집단의 구조와 그것에 대해 미리 알 필요성' '집단의 문제' '익명성의 문제' 등 집단정신치료의 네 가지 요소를 깨닫는다.

특이하게도 그는 1908년부터 3년간 빈 시내의 오갈덴 공원에서 어린이들과 놀아주는 시간을 자주 가졌다. 모레노가 공원 안의 큰 나무 밑에 앉아 있노라면 으레 어린이들이 하나둘 모여들었다. 나중에는 너무나 많이 모여 모레노를 중심으로 몇 겹씩 둘러싸고 앉았다. 거기서 모레노는 어린이들에게 옛날이야기를 해주었다. 그러다 더 친해지면 아이들에게 하나하나 새로운 이름을 붙여주고선 즉흥 연극을 시켜보곤 하였다. 모레노는 이런 행위야말로 유물론에 반대하기 위한 철학상의 설계운

동이며, 어린이들을 예언자나 성인의 영감으로 복귀시키는 좋은 방법이라고 생각했다. 눈에 보이는 세계보다 더 풍요로운 세계가 우리 마음에, 우주에 있음을 깨닫게 할 수 있다고 본 것이다.

모레노는 이때 한가운데에 무대를 설치하고 그 무대를 둘러싼 사람들과 공연자가 완전히 융합할 수 있는 새로운 연극을 구상했다. 이 밖에 인간성을 변혁시키기 위한 특별한 드라마적 종교를 착상해보기도 했다. 모레노는 자신이 1911년 당시 어린이들과 처음 즉흥극을 시도하면서(그는 1911년 아동극을 위한 극장을 결성했다) 그들의 정신정화(카타르시스)를 기대했던 것이 오늘날 사이코드라마의 기원이 되었다고 말하고 있다.

모레노는 예수 그리스도와 소크라테스를 자신의 스승으로 생각했다. 특히 그는 소크라테스가 바로 사이코드라마의 선구자라고 보았으며, 1916년에 시도되었던 드라마에는 소크라테스의 대화방식을 그대로 인용하기도 했다. 소크라테스는 주인공의 상대역으로서 '궤변가(소피스트)'라는 특징적 성격을 가진 자를 선정했다. 그리고 그에게 교사의 역할을 시키고 자신은 질문을 하는 무지한 생도의 역할을 맡았다. 바로 여기에서 '역할 바꾸기(role reversal)'라는 사이코드라마의 기법이 실천적으로 사용된다. 소크라테스는 소피스트를 이런저런 모순에 빠뜨린다. 그곳에 모인 청중이 지켜보는 가운데, 이 대화는 결과적으로 변증법적 카타르시스를 일으키게 된다.

모레노는 이러한 방법을 정치문제 해결에도 적용하면 좋을 것이라고 생각했다. 그래서 그는 1921년 4월 1일(오스트리아에선 이날을 '광기(fort)의 날'이라고 부른다) 빈 시민에게 예고한 가운데 공식적인 사이코드라마 모임을 가졌다. 이것은 최초의 사회극(sociodrama) 형태로 이루어졌다. 그는 전쟁 후의 혼란으로 말미암아 생긴 오스트리아의 문화적 퇴폐는 참된 지도자가 없기 때문이라고 결론짓고, 바로 그것부터 시정되어야 한다고 생각했다. 그래서 모레노는 무대 위에 제왕의 자리를 설치하고 거기에 왕좌를 올려놓았다. 그런 후 관객 중에서 누구라도 좋으니 한 사람씩 나와서 그 왕좌에 앉아 즉흥적으로 왕 역할을 담당하도록 했다. 그는 왕의 역할을 맡은 사람에게 새로운 정치 질서를 찾아보라고 하면서 다른 관중들에겐 배심원의 역할을 맡겼다. 그러나 결국 아무도 이 테스트에 성공하지 못했고, 모레노는 실패의 쓴잔을 맛보았다. 이 사이코드라마가 실패로 끝났을 때 모레노는 어려서 '신의 연기'를 하다가 팔을 다쳤던 일을 회상하였다고 한다. 그러나 이후 새로운 학문을 창조하고자 하는 그의 의지는 조금도 꺾이지 않고 계속되었다.

1925년 모레노는 소련과 미국을 두고 고민하다가 결국 미국의 뉴욕으로 이주했다. 그가 미국으로의 이민을 결심하게 된 동기는 무엇이었을까? 당시 빈에서는 배우들이 자발적 연극에 점점 흥미를 잃고 전통적인 연극으로 되돌아가는 풍조가 유행했다. 여기에 자신의 저서 『즉흥 연극 *Das Stegreiftheater*』도 잘 팔리지 않자, 아마도 모레노는 무언가 생활의 무대를 바꾸지 않으면 안 되겠다고 결심했던 것 같다. 모레노는 미국 사람들이 개척자로서의 긴 역사와 실용주의 철학을 가지고 있어서 행동과학을 발전시킬 여지가 많다고 생각했다. 자연히 그들에게는 사이코드라마가 잘 받아들여질 것으로 예측한 것이다.

미국에 이주한 뒤 그는 1928년에 첫 번째 실험을 가졌다. 그 후 1929년부터 1931년까지 매주 3회씩 카네기홀에서 즉흥연극을 공개했다. 이곳에서 그는 진찰실에서 비밀리에 의사에게만 고민을 털어놓는 방법 대신, 무대 위에 올라가 자신의 문제를 직접 얘기하고 청중들과 함께 자발적으로 참여하는 연기를 시도했다.

모레노는 1932년 최초로 '집단정신치료'란 용어를 사용했다. 그 후 1936년 뉴욕 주 북쪽 허드슨 강변의 비콘(Beacon)에 톤(F. Tone) 부인의 도움으로 치료적 사이코드라마 극장을 설립한다. 사이코드라마는 이 극장을 바탕으로 본격적으로 발전하게 된다. 사이코드라마의 방법은 이미 그가 빈에서 발바라(모레노를 도와 사이코드라마에 참여했던 여배우)와 실험한 즉흥극에서 결정적 힌트를 얻은 것이었다. 그러나 그 기법들을 추구하고 배경이론을 정립시키는 작업은 자신이 꿈꾸던 원형 무대 등을 갖춘 이 비콘의 극장을 통해 비로소 구체적으로 현실화된 것이다.

1942년에는 '미국 집단심리요법 및 사이코드라마학회'가 조직됐다. 사이코드라마 극장이 미국 내 이곳저곳에 설립되는 가운데 모레노는 사이코드라마 운동의 중추 역할을 담당했다.

제2차세계대전 이후 모레노는 전공 논문, 책, 논설 등을 계속 발간하였다. 모레노는 인간이란 '신의 차원으로 높인 존재'라고 생각했다. 그는 '우주적 인간'을 얘기했고, 'I=GOD' 또는 '신과 같이 창조하는 인간상'에 대해서도 심도 있는 언급을 했다.

모레노는 한평생 자신의 뮤즈를 찾아다녔다고 한다. 그러다 1941년에 젤카를 만나게 된다. 젤카는 사이코드라마에 심취해 모레노의 조력자로 일하다가 1949년에 모레노와 결혼한다. 이들 부부는 함께 국제협의회, 강연, 저작활동 등을 계속했다.

현재 사이코드라마는 전세계적으로 보급되고 있다. 특히 유럽이나 미국, 일본 등에서는 매우 활발한 모습을 띤다. 1974년 모레노의 사망 이후에도 그의 영향은 줄지 않았다. 특히 최근의 정신의학에 있어서 여러 가지 방법들, 예를 들어 가족치료, 치료적 공동체, 형태주의 치료 및 기타 치료방법 등에 큰 영향력을 미치고 있다. 모레노는 평생을 정열적인 연구로 일관했을 뿐만 아니라, 그 자신이 자발성과 창조성을 삶의 방식으로 신념화한 모델이었다. 실제 그의 일생 또한 그만큼 드라마틱했으며, "사이코드라마 덕택에 나의 과대망상증을 정복할 수 있었다"라고 스스로 말하기도 했다.

한국의 사이코드라마

한국에서 사이코드라마의 역사는 이러하다. 1969년 문헌상 최초의 사이코드라마가 한동세에 의해 소개되었으며, 1973년 이화여대병원에서 개최된 정신의학회 월례학술집담회에서 강준상에 의해 첫 사이코드라마가 발표되었다. 현재에는 국립정신병원, 김유광 정신과의원, 용인정신병원, 계요병원, 서울시립정신병원, 고대부속 구로병원, 고대부속 안암병원, 수표동 청소년회관, 보호관찰소, 강남 상담 및 심리치료연구소, 별자리 예술치료센터 등에서 일반인과 청소년을 대상으로 사이코드라마를 실시하고 있다. 그 외 몇몇 대학의 학생생활연구소에서도 사이코드라마가 집단 상담의 일환으로 실시되고 있다. 또한 1997년 대전에서는 한국사이코드라마 소시오드라마학회가 발족되었고, 세종대학교 사회교육원 및 원광대학교 예술대학원 등이 창설되어 사이코드라마를 활성화시키고 있다.

사이코드라마의 기본 개념

사이코드라마의 기초 : 자발성과 창조성

자발성과 창조성은 모레노의 이론과 작업의 기초가 된다. 모레노는 자발성을 '새로운 상황에 대한 적절한 반응' 혹은 '오래된 상황에 대한 새로운 그리고 적절한 반응'으로 정의할 수 있다고 했다. 모레노에게 있어 자발성이란 주관적으로는 타인과의 교류 속에서 경험된 자유이며, 객관적으로는 사회체계 내에서 새롭고 적절한 대응을 하려는 의도이다. 그래서 자발성은 자연법칙으로부터의 일탈, 창조성을 산출시키는 모체, 자아가 산출되는 장소를 뜻한다. 모레노는 인간의 최초의 자발적 행위를 출생이라고 말한다. 신체적인 것에 그 기원이 있다는 점에서 프로이트의 리비도(libido)와 유사하다. 그러나 모레노에게 있어서는 인간관계에서 자발성이 더 잘 발휘된다는 점에서 두드러진 특징을 가진다. 즉, 인간이 태어나 사람들과 관계하면서 자발성이 발달된다는 것이다. 이는 인간 존재의 사회적 규정이라 할 수 있다.

모레노는 자발성의 다음 단계로 발달하는 창조성에 대해서는 이렇게 설명한다.

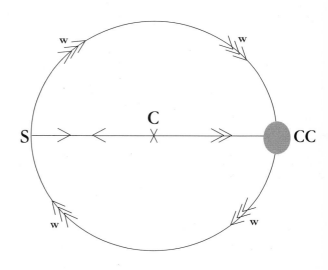

여기서 S는 자발성(spontanity), C는 창조성(creativity), CC는 문화보존성(cultural conserve), W는 워밍업(warming-up)을 뜻한

다. 전체적으로 이들은 상호 함수관계를 갖고 있다. 먼저 자발성이 창조성을 일으키고, 창조성은 문화보존성에 영향을 미친다. 이는 다시 자발성에 영향을 준다. 이러한 회전식 관계를 조작하는 에너지는 W, 즉 위밍업이다. 모레노가 자발성과 불안은 반비례한다고 주장했듯이, 정신적인 문제와 사회적인 어려움은 이 자발성 부족이 원인이기도 하다. 도표에 의한다면 갈등과 문제의 극복은 위밍업 과정을 시도하여 다시 순환운동을 활발하게 함으로써 가능하다. 여기서 자발성과 창조성의 상화(相和)작용으로 보존성이 생긴다. 이러한 보존성에는 사회적 보존성(social conserve), 기술적 보존성(technological conserve), 문화적 보존성 등 다양한 종류가 있다.

현재성 : 지금 여기서(here & now)

주인공들의 갈등과 문제들이 바로 '지금' '여기서' 일어나는 것처럼 재현되야 한다는 점에서 '현재성'이 매우 중요하다. 즉, 극의 외부에서 일어났던 여러 가지 상황들이 마치 지금 이 극중에서 벌어지고 있는 것처럼 재현되어야 하는 것이다. 극속에는 자신이 미처 깨닫지 못한 심리적 내용들이 투사(projection)된다. 따라서 극중 상황에 현재성이 부여되어 몰입할때 자신을 보다 분명하게 이해하게 된다. 더불어 자신의 내면에 숨겨진 정서적 갈등 또한 명료해질 수 있다.

상상의 진실 : 잉여 현실

사이코드라마에서는 삶 속의 실제 사건만을 장면으로 실연하는 것이 아니다. 모레노가 말했듯이, "한 번도 일어나지 않았고, 일어나지 않을 것이며, 또는 결코 일어날 수 없는" 장면들도 실연한다. 이 장면에서는 희망과 두려움, 미해결된 심리적 사건들을 나타낼 수 있다. 이것들은 어떤 의미에서는 상상력을 사용하여 실연한다. 다시 말해서 '삶보다 거대한' 경험속에 참여하는 우리의 능력을 정당하게 인정하는 것이다.

모레노는 사이코드라마를 '진실의 극장'이라고 불렀다. 사람들에게 정말 진실한 것은 그들의 정서, 환상, 잉여 현실의영역을 포함하고 있기 때문이다. 잉여 현실은 충분히 표현되지 않은 무형의 정신세계의 현실이다. 동시에 그것은 상상에의해 변형, 축소, 확대된 현실이다. 잉여 현실의 내용에는 상상적 요소들(꿈, 백일몽, 환상, 망상 등), 초월적 요소들(영감, 영혼, 영원성, 초월성 등), 본능적 요소들(두려움, 수치심, 유치함, 성적 본능, 광기적 요소, 생명력 등), 그리고 애매모호한 것들, 충족되지 않는 것들, 금지된 영역들이 포함된다. 잉여 현실의예를 들어보자.

은주의 불안한 하루는 등교길에서부터 시작된다. 지나가는 사람들을 쳐다보면 자기도 모르게 불안해지는 것이다. 남학생들의 앞을 지나갈 때 자신의 걸음걸이가 이상하지는 않은지, 팔을 어떻게 흔들지, 저 애들이 혹시 나를 놀리고 있는 것은 아닌지 하는 생각으로 위축되기 일쑤이다. 그래서 버스가 오면 토큰을 넣자마자 운전석 바로 뒤에 붙는다. 아무리 뒤쪽에 빈 좌석이 즐비해도 가서 앉을 엄두가 나지 않는다. 그러면서 속으로 혼자 근심하기 시작한다. '어떡하지? 지금이라도 뒤에 가서 앉을까? 아니야! 여태 서 있다가 지금 가서 앉으면 다들 나를 이상하게 생각할 거야. 그냥 이대로 가자.'

그러다 문득 뒤쪽을 돌아보고 혹시 다른 승객과 눈이 마주치면 불에 덴 듯이 놀란다. '저 사람이 여태 나만 보고 있었던 게 틀림없어. 어쩌면 좋지. 틀림없이 날 멍청이로 생각하고 있을 거야. 그냥 지금이라도 눈 딱 감고 뒤에 가서 앉아버려? 아냐, 아냐, 저렇게 많은 사람들이 나를 쳐다보고 있는데 저 먼 뒷자리까지 어떻게 걸어가. 그것도 이렇게 덜컹거리는 버스 안에서…… 못 해, 안 하는 게 나아!'

은주는 손에 땀이 난다. 무의식적으로 주머니에서 손수건을 꺼내 손잡이에 감싸쥔다. 바로 옆좌석의 남자가 무심코 그 손을 바라본다. 은주는 그 남자의 눈길에 또 한 번 움찔한다. '뭐야! 내 손을 봤잖아. 내가 손에 땀이 나서 손수건으로 손잡이를 감싼 걸 봤으니 지금 속으로 나를 얼마나 한심하게 생각할까? 저 봐, 비웃고 있잖아!' 이때 버스가 내려야 할 정류장에 도착한다. 은주는 손수건도 잊은 채 도망치듯 버스에서 내린다.

이처럼 은주는 심한 대인공포증에 시달리고 있다. 그 중에서도 뭇 시선이 두려운 시선공포증이다. 남들은 관심도 없는데 혼자 시선을 느끼면서 불안에 떠는 것이다. 이러한 은주에게 지존파 사이코드라마를 시행해보았다. 상황은 지존파를 형무소로 이송하는 경찰차 안이다. 경찰들은 지존파가 탈출한다는 정보를 입수하고 바싹 긴장한 상태이다. 무대 위에서 보조자아들이 은주를 둘러싸고 앉았다. 일부는 총도 겨누고 있다. 은주는 그 가운데에 묶인 채 앉아 있다.

> 은주 : (평소같이 불안하게 눈알을 돌리며 기웃거린다.)
> 형사 1 : (은주에게) 눈 굴리지 마!
> 형사 2 : 손가락도 까딱하지 마!
> 형사 3 : 코 벌룽거리지 마!
> 형사 4 : 꿈에도 달아날 생각하지 마.
> 형사 1 : 발 붙여!
> 형사 2 : 손가락 까딱하지 마!
> (보조자아들이 은주를 계속 다그친다. 은주는 무척 당혹해한다. 그 상황이 한참 지속된 후 연출가가 은주에게 다가간다.)
> 연출가 : 지존파가 된 기분이 어떻습니까?
> 은주 : 힘들었어요. 정말 꼼짝하기 힘들었어요. 손에 땀이 나고 숨쉬기도 어려웠어요. 그러나 한편으론 편하기도 했어요.

연출가 : 네? 그건 왜죠?

은주 : 그건……. (주저하다가 미소지으며) 저는 지존파
　　　　같은 악당이 아니거든요.

　은주는 가장 주목받은 상황에서 오히려 마음의 평안을 느
꼈다. 그 이유가 어디에 있을까? 바로 은주가 평소의 시선공포
증이 스스로가 만든 공상이라는 것을 깨달았기 때문이다. 평
소에 끊임없이 남의 눈을 의식했는데, 정작 그 상황을 현실에
서 겪게 되자 비로소 공상에서 벗어날 수 있었던 것이다.

　정신 증상은 비효율적인 방어(defense)로, 그 방어를 설득이
나 지적을 통해서 바꾸려 하면 더욱더 그 방어에 매달리거나
혹은 강화하곤 한다. 방어할 수밖에 없는 내적인 취약점이 근
본적으로 해결되지 않는 한 방어를 스스로 벗어던질 수는 없
기 때문이다. 이때 사이코드라마에서 그 방어를 보조자아나
상황극 등이 대신 해주게 되면 자신이 지나치게 방어하고 있
음을 감정적, 현실적으로 깨달아 스스로 방어를 이완하는 것
이다.

행위하고자 하는 욕구 : 행위 갈증(act hunger)

　행위하고자 하는 타고난 욕구는 자신의 근원적인 자발성을
향한, 무의식적인 요소들을 의식화시키려는 행위화의 동기이
다. 인간은 에너지 덩어리이고 모든 에너지는 엔트로피(자유

17

도)가 높은 쪽으로 가기 때문에(열역학 제2법칙) 인간은 근본적으로 행위를 통해 자유로워지려는 속성이 있다. 또 인간은 사회생활을 하면서 규범을 지키고 경쟁을 해야 하기 때문에 필연적으로 억압받을 수밖에 없다. 이 억압 또한 에너지의 자유도에 역행하는 것으로 어떤 방식(현실이나 환상에서의 실현. 정신 내적으로 보면 현실과 환상에 큰 차이가 없다. 정신 에너지는 대부분 진액(津液)으로 모이기 때문에 시간과 공간을 초월한 환상의 형태로 뭉치곤 한다)으로든 탈출을 시도한다. 이들이 행위 갈증을 유발해 항상 탈출로의 긴장을 초래한다. 의식적·무의식적 욕망, 욕구, 소망들, 행위를 완료하고자 하는 생각, 느낌, 충동, 정신적 상처를 극복하고자 하는 욕망, 관계상의 욕구, 충동을 충족시키고자 하는 욕구, 경험하고자 하는 내적 요구 등이 포함된다. 행위 갈증은 행위가 표현되어지는 순간에 일시적인 만족으로 해소될 수 있지만, 바로 그 순간 또 다른 행위 갈증을 불러일으키는 순간성을 갖는다. 사이코드라마는 여러 행위 갈증 중에서 지금-여기에서의 가장 강렬한 행위 갈증을 찾아내어 행위화해가는 과정이라 할 수 있다.

상대방을 향한 감정의 기본 단위 : 텔레(tele)

텔레는 사람들 사이에서 서로 끌리고 반발하는 무형의 힘이다. 즉, 타인에 대한 전체적인 인상을 만들어내는 기초 감정이라고 할 수 있다. 모레노 역시 치료자가 환자에게 보이는 무의식적인 감정적 성향의 혼란스러운 측면을 인식하기는 하였다. 그러나 그는 이러한 감정들을 막기 위해 치료자가 환자에게 중립적인 태도를 취하기보다는 투명한 태도를 보여야 한다고 주장했다. 그리고 그러한 실제적인 상호관계를 나타내기 위해 텔레라는 용어를 사용했다.

텔레는 한 개인이 다른 사람에게 보내는 감정의 가장 단순한 단위를 말한다. 텔레는 대인관계에서 현실 차원, 즉 다른 사람의 실제적 성격 구성에 대한 통찰, 이해, 느낌이라는 관점에서 가장 잘 정의될 수 있다. 모레노의 표현을 빌면, 텔레는 우리가 다른 사람에 대해 가지고 있는 실제적 지각의 이면에 있는 근본적인 요소이다. 다른 사람의 현실에 정서적으로 들어가는 공감은 텔레에 반드시 필요한 요소이다.

무대 위의 행위 : 실연(enactment)

사이코드라마는 주인공의 저항을 분석하지 않는다. 그보다는 감추어져 있는 사고와 갈등을 행동으로 표출하도록 한다. 실연은 외적 행위, 동작을 통한 실연, 감정의 표출, 과거 사건의 재연 또는 미래의 일을 마치 지금 이곳에서 일어나고 있는 것처럼 미리 행동화, 행위화하는 것이다. 즉, 외적 세계에서 내적인 현실을 표현하는 것이며, 다시 말해 사이코드라마 무대 위에서의 모든 행위를 말한다.

감정의 정화 : 카타르시스(catharsis)

사이코드라마에서는 주연자가 무대 위에서 자신의 실제 상황으로 들어가 그 상황을 연기한다. 이를 통해 그는 자신에게 내재되어 있던 문제를 연기하고 그 짐을 덜어버릴 수 있게 된다. 자신의 행동양식과 다른 사람과의 관계양식을 바라볼 수 있게 됨에 따라 관객 및 주인공은 동작 정화(action catharsis) 및 동작 학습(action learning)을 얻는다.

카타르시스는 고대 그리스어 'katharos'에 어원을 두고 있다. 이것은 본래 종교적인 의미를 가지며, 정신의 죄를 씻어냄으로써 영혼을 다시 태어나게 한다는 뜻에서 비롯되었다. 아리스토텔레스는 카타르시스이론에서 "비극은 관객의 마음에서 연민과 두려움의 감정을 불러일으킨 후, 인간의 갈등이 전개되는 것을 보게 됨에 따라 그러한 감정이 씻겨나가는 감정의 순화를 경험하게끔 한다"고 하였다. 모레노는 이 개념을 삶의 모든 영역 ― 정서의 이완과 경감, 과거로부터의 해방, 현재의 진실한 삶에의 직면, 다양한 언어적·비언어적 활동과 행위, 은밀한 사적·공적 의식, 정신 내부의 긴장 감소, 대인관계 갈등 해소 등 ― 으로 확장하였다.

카타르시스는 정서적 해방 이상의 것으로서 미지의 상황에 대처해나가는 원동력인 자발성의 일깨움과 관계가 있다. 주인공은 무대라는 안전한 공간에서 비난이나 분석, 평가의 두려움 없이 자신으로부터 나오는 감정을 적절한 방법으로 표출할 수 있다. 이러한 감정의 방출, 이완을 시작으로 그는 감정의 통합이라는 단계로 들어간다.

카타르시스를 통해 주연자는 내적인 정서 혼란에서 회복되고 대처 방안을 모색할 수 있다. 나아가 자연스러운 대인관계를 향한 통찰과 훈련이 가능하다. 또한 집단 구성원 간의 지지와 이해와 수용에의 신뢰감을 바탕으로 감정적인 측면과 인지적인 측면의 연합도 모색할 수 있다. 한편 관객은 주인공의 감정 표출에 자신을 투사하면서 무대에서 실재하고 있는 자신의 진정한 자아 이미지나 원형을 보게 된다.

연극을 통한 전형적인 카타르시스의 예를 보면 이러하다. 이것은 미국 인디언족의 의인 블랙 엘크(Black Elk)에 관한 이야기이다.

블랙 엘크는 어렸을 때 중병을 앓아 거의 의식을 잃었다. 이때 블랙 엘크는 무서운 환상을 보았다. 우주의 사방에서 말 여러 마리가 블랙 엘크에게 와서 그를 하늘로 데리고 갈 것이고, 하늘에서 조부의 영혼을 만나 그 조부의 영혼이 블랙 엘크에게 백성들을 치료하는 약초를 줄 것이라는 계시였다. 블랙 엘크는 자기의 환상에 놀라 이것을 단지 마음속에 간직하고 누구에게도 말하지 않았다. 그로부터 얼마 후 블랙 엘크는 뇌우(雷雨)를 무서워하는 급성 공포증에 걸리게 되었다. 그래서 그는 하늘에 구름이 조금만 끼어도 무서워서 오들오들 떨었다. 이것을 치료하기 위해 블랙 엘크는 의사에게 상담을 하러 갔다. 의사는 환상을 보고 나서 그것을 누구에게도 말하지 않고 간직하였기 때문에 병을 앓고 있다고 말했다. 의사는 블랙 엘크에게 다음과 같이 충고했다.

"여보게! 나는 그 병이 어떤 고통인지 아네. 자네는 환상에 나타난 말이 자네에게 원하는 행동을 하여야 하네. 자네는 백성에게 말춤(horse dance)을 추어 보여야 하네. 그러면 자네의 공포증은 사라질 것일세. 그러나 만약 자네가 이것을 하지 않는다면 자네의 병은 더욱 심해질 것일세."

블랙 엘크는 당시 열일곱 살이었다. 부모형제와 가까운 친척들이 말을 모았다. 백마, 흑마, 갈마, 적갈마 등 많은 말이 모였다. 블랙 엘크는 그 중 적갈마 한 마리에 탔다. 블랙 엘크는 부족들에게 환상에서 들은 노래를 가르쳤다. 환상이 연출됐을 때 블랙 엘크의 부족 모두에게서 치료 효과가 나타났다. 장님은 볼 수 있게 되었고, 사지가 마비되었던 자는 걷게 되었다. 심인성(心因性) 정신병을 앓는 자가 건강해졌다. 블랙 엘크의 부족은 이것을 다시 하기로 결정했다.

너와 나의 만남 : 참만남(encounter)

이는 인격적으로 독립된 두 개체가 서로 자신의 정체성을 유지한 채 알려지지 않은 새로운 세계로 함께 나아가는 것이며, 또한 그것에 대한 내맡김이다. "나는 너를 통해 확인받고, 너는 나를 통해 존재를 실현하는 관계이다."

사이코드라마 진행을 위한 준비

사이코드라마의 구성 요소

주인공(protagonist)

준비 단계를 거치는 동안 집단의 자발성이 충분히 강해지면 자발적으로 주인공이 선정된다. 주인공은 자신의 내면과 갈등상황을 집단에 제시하고 연기하게 된다. 환자라는 말을 쓰지 않고 주인공이라는 말을 쓰는 이유는 자기 자신 이외에도 많은 역할을 하기 때문이다. 주인공은 사이코드라마적 탐색에서 서너 장면을 하며, 그 외에 자신의 삶에 있어 중요한 다른 사람들의 역할도 해볼 수 있다.

어떤 역할을 하든 간에 초점은 주인공의 경험에 있다. 여기서 주인공이 늘 한 사람인 것은 아니다. 단지 하나의 사이코드라마 기간 속에서 한 사람일 뿐이다. 어떤 집단에서는 스태프나 치료자가 잠시 주인공이 되기도 한다. 만약 지도자가 역(逆)전이로 힘들어하면, 그를 주인공으로 하여 짧게 극화함으로써 문제를 해결하기도 한다. 따라서 주인공과 환자가 늘 같지는 않다. 환자 역할은 실제로 덜 고정적이어야 한다. 모레노가 강조했듯이 각 개인은 다른 사람에게 치유하는 사람이 돼야 하는 것이다.

연출가(director)

연출가는 사이코드라마의 무대감독이며 치료자이다. 연출가는 주인공의 느낌과 흐름을 따라가며, 무대 위의 주인공이 표현하는 여러 가지 상황에 적절하게 반응하게끔 도와주는 역할을 한다.

보조자아(auxiliary ego)

보조자아는 치료자의 조수로서, 필요에 따라 주인공과 함께 극중인물이 되곤 한다. 보조자아는 주인공이 원하는 상대방의 역할을 맡아 문제를 끄집어내고 도와주면서 주인공이 자신의 갈등을 쉽게 표현하도록 도와준다. 또한 주인공으로 하여금 상황을 더욱 생생하게 경험할 수 있게 한다. 다른 집단 구성원이나 동료 치료자들이 보조자아의 역할을 맡는 것이 가능하다.

관객(audience)

관객이란 사이코드라마에 참여하는 모든 사람을 말한다. 주인공에 대해서는 '여론'으로서의 의미를 가진다. 이러한 관객 자신도 사이코드라마를 관람함으로써 자신이 지니고 있는 문제의 치료에 도움을 받을 수 있다. 관객은 주인공에게 초자아(부모가 내리는 상벌의 기준이 내면화된 것)로서도 작용한다. 예를 들면 이러하다.

(주인공 K씨가 장황하게 자기 과시적인 말들을 계속 늘어놓는다. 연출가가 보조자아 셋을 데리고 올라간다. 연출가는 보조자아 1을 주연자 곁에 세우고, 보조자아 2, 3은 건너편에 세운다. 그런 후 그들 사이에 나무 칸막이를 놓고 서로 넘어갈 수 없다고 전제를 둔다.)

연출가 : (보조자아 1을 가리키며) 이 사람은 주인이고 K씨는 하인이에요. 두 집안은 원수 집안인데 어쩌다 길거리에서 우연히 만났어요.

보조자아 1 : 저런 자식을 이런 데서 만나.

보조자아 2 : 어, 저런 재수 없는 새끼.

보조자아 2 : 아, 저놈을 또 만난단 말이야. 야, 없애버려라.

K : 뭘 없애버려. 저런 걸 없애버려. 저런 걸.

보조자아 1 : 여기가 어디라고 함부로 돌아다니나.

보조자아 2 : 여기가 네 길인가.

K : 뭘 떠들고 있어. 떠들지 마. 떠들지 마.

보조자아 3 : 어디다 대고 반말이야. 무식한 놈 같으니라고. 너는 하인이고 이분은 귀족이야.

K : 귀족? 똥족이다, 새끼야. (관객들 웃음.)

보조자아 2 : 뭐 저런 새끼가 다 있어?

K : 쓰레기만도 못한 놈들의 새끼들하고.

보조자아 2 : 조용히 해. 자식아.

K : 야 이 자식들아! (버럭 소리지른다.)

보조자아 1 : 우리가 못 넘어가서 탈이지 넘어갔으면 너희 둘 다 죽었다.

보조자아 2 : 한번 죽여보시죠.

K : 너희들은 지금 살아 있는 게 아냐.

보조자아 2 : 조용히 해, 자식아.

K : 내가 네 애비들하고 같아. 퉤! 이 바보 같은 자식들아.

(한동안 말싸움이 적나라하게 계속된다. 연출가, 보조자아 2, 3을 관객석 뒤로 데리고 간다.)

연출가 : K씨, 원수의 집안이 여기 앉아 있어요. 다시 싸워보세요. 무대를 내려오시면 안 돼요.

보조자아 1 : 또 나타났다. 또 나타났어.

K : 또 미쳤다, 내가……. 너희들은 미치지 않았는데.

보조자아 2 : 네가 미쳤다.

K : 잘났다. 이 바보 같은 놈들아, 아 난 네놈들하고 싸울 시간이 없어, 녀석아! 내가 너희하고 싸우려고 태어난 사람이야?

(싸움이 다시 계속된다. 연출가, 무대로 다시 올라간다.)

연출가 : (관객석을 향해) K씨가 품고 있는 화가 참 많을
　　　　것 같거든요. 여러분들이 다 힘을 합쳐도 이길
　　　　수 없을 것 같아요.

K : 글쎄요, 그럴 것 같은데요. 화가, 글쎄…… 화가 많은
　　지 적은지 잘 모르겠어요. 솔직히 말해서 화가…….

연출가 : (관객들에게) 한번 확인해보죠. 여러분들이 이분
　　　　한테 욕을 하시면 되요. 이분은 여러분들한테
　　　　맞받아쳐서 욕을 할 거예요.

K : 욕을 한번 해보죠. 해봐야…… 해봤자…….

관객1 : 이 병신 같은 새끼야, 네가 뭘 알아. 병신 같은
　　　　새끼야.

K : 어떤 녀석이야, 저 녀석은.

(관객들과 K씨, 욕을 주고받는다. 관객들, 단합해 점점
목소리가 높아진다. K씨의 목소리는 점점 사그라든다. 연출
가, K씨에게 마이크를 쥐어주나 극장 안은 관객들의 고함소
리와 욕으로 가득하다. K씨는 노래를 부르며 버틴다. 연출
가, 말싸움을 중단시키고 K씨에게 눈을 감고 자라고 하고
음악을 튼다.)

K : 바하예요, 베토벤이에요, 쇼팽이요? 무슨 노래예요.
　　무슨 노래?

연출가 : 말이 많으면 또 시작할 거예요.

K : 누구 노래예요? 누구 노래? 베토벤이에요?

연출가 : (관객들에게) 저 사람 말이 많으면 또 욕해줍시다.

K : 사람이 말을 하라고 태어난 거지.

관객들 : 조용히 해, 조용히.

K : 알았어, 알았어. 아휴. 이거. 사내자식들이.

관객들 : 조용히 해, 새끼야, 뭔 말이 많아. 조용히 해. 음
악 감상 좀 하자.

어느 관객 : 너 음악 끝날 때까지 입 벌리면 안 돼.

K : 요새 다 저래.

어느 관객 : (날카롭게) 조용히 해!

(음악이 흐른다. 한 곡조가 다 끝날 때까지 K씨를 조용히
앉힌다.)

무대

무대는 사이코드라마가 펼쳐지는 장소이다. 모레노에게 무
대는 중요한 부분이었다. 모레노는 소관객 집단에 보다 근접
하도록 무대를 설계했다. 이 밖에 계단을 세 개만 설치하고,
원형으로 만들어 극적 행동감을 더욱 유발시키도록 했다.

만약 정통 사이코드라마가 행해진다면 이와 같은 무대를
만드는 것이 바람직할 것이다. 그러나 대부분의 사이코드라마
는 집단실이나 빈 회의실, 아니면 넓은 사무실과 같은 훨씬 덜
형식적인 조건 속에서 이루어지고 있다. 학교 내의 높은 단이
나 극장 무대는 피하는 것이 좋다. 왜냐하면 쉽게 접근하기 어
렵고, 또 집단의 아늑함과는 너무 멀리 떨어져 있기 때문이다.
기법은 다소 좁은 회의실 공간에서도 사용할 수 있도록 수정

사이코드라마의 무대.

할 수 있다. 왜냐하면 행위는 어떤 형식적인 것보다 환자의 몰입과 관계되기 때문이다.

사이코드라마의 진행 과정

심리극은 즉흥극(improvisation)이다. 따라서 적용했을 때 나타나는 양상은 집단이나 상황 그리고 때에 따라 모두 다르게 나타난다. 심리극은 무대 위에서 아무도 알 수 없는 시시각각으로 다가오는 지금 이 순간을 자발성과 창조성의 원리에 입각해 이끌어간다. 그 진행 순서는 대략 이러하다.

준비(warming-up) 단계
준비 단계에서는 자발성을 촉진시키며 집단의 응집력을 높이도록 한다. 집단의 응집력을 높이는 방법으로는 자기소개, 상황극, 춤, 레크리에이션 등 매우 다양한 기법들이 있다. 이 단계에서는 집단 내에 특별한 분위기나 방향을 설정하고 주제 등을 만들어낼 수 있다. 집단 구성원들은 자기 자신이나 다른 사람의 것일 수도 있는 심리적, 정서적 탐색 영역에 들어가도록 도움을 받는다. 무엇보다 자발성을 극대화시키는 것이 그 목적이다. 집단 구성원들의 자발성이 충분히 발휘되면 주인공을 선정하게 된다. 주인공을 선정할 때에는 집단의 종류, 크기, 시간, 갈등의 유형 등을 고려해야 한다.

행동화(action) 단계

주인공은 극이 진행됨에 따라 정서적 표현을 하게 되는데 중요한 원칙은 지금-여기 상황으로 몰입하도록 만드는 것이다. 갈등은 연기될 수 있는 구체적인 사례로 재구성되며 보조 자아는 의미 있는 인물들의 역할을 맡게 된다.

통합(integration) 또는 실행(working through) 단계

이 시기는 주인공으로 하여금 잘못된 생각이나 빗나간 행위를 통찰하게 하고 새로운 적응행위를 연습시키는 단계이다. 즉, 행동화 단계를 통해 주인공이 자신의 갈등이나 억눌린 감정을 해소시켰다면, 이 단계에 들어와 새로운 적응행위를 해 보는 것이다. 구체적으로 이 단계에서는 어떤 상황에서 여러 가능성의 새로운 행동을 실험해보는 행동 실습(behavioral practice)이 이루어진다. 또 관객들이 모여서 금방 했던 장면이나 주인공의 생활방식 등에 대해 관객 자신들의 느낌을 서로 나누는(공유, sharing) 시간을 갖는다.

공유는 심리극을 마친 후 주인공과 관객으로부터 긍정적인 피드백을 받을 수 있도록 도와주는 나눔의 시간이다. 이것은 심리극에 참여한 모든 사람들의 감정을 소통시키는 기회를 제공한다. 공유의 요령은 1) 주인공을 비판하지 않는다. 2) 주인공을 있는 그대로 받아들인다. 설령 마음에 들지 않더라도 절대로 평가, 비교, 공격해서는 안 된다. 3) 주인공의 느낌과 유사했던, 비슷한 상황에 대해 자신이 경험한 것을 이야기해 준다.

이 같은 사이코드라마의 진행 과정을 사이코드라마 곡선으로 나타내면 다음과 같다.

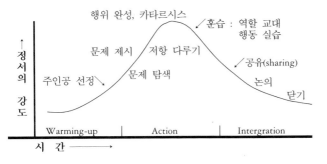

3단계 이론(Seabourne & Hollander의 모형).

사이코드라마 속으로 : 기법과 실제

사이코드라마의 기법

심리극의 기법은 300여 가지가 넘는다고 하지만 어떤 심리극에 미리 준비하고 계획될 수 있는 일관된 기법은 없다. 심리극 기법은 대상 그룹이나 주연자에 따라, 또 그때그때 매순간마다에 따라 달리 정해진다. 따라서 사용 기법은 무수히 다양할 수 있고, 또 새로이 발견되고 만들어질 수 있다. 주요 기법들부터 살펴보면 다음과 같다.

역할 교대(role reversal)

진행중인 극의 상황에서 상대(보조자)와 서로 역할을 맞바

꾸어 그 장면을 다시 시도해봄으로써 상대의 입장을 이해하게 된다. 이는 주인공이 자기중심적 습관의 한계를 넘어서는 길이 된다. 역할 교대가 필요할 때란 주인공이 다른 사람의 견해에 공감하는 것이 적합할 때이다. 인간은 한 가지 패턴의 자아를 갖고 살기 마련인데 그러자면 반대 패턴의 자아를 억압하게 된다. 역할 교대는 억압된 자아의 모습을 드러냄으로써 개인, 집단 카타르시스를 일으키기도 한다. 예를 들어보자.

(정신병동. 오락요법실에서 준호가 한쪽 구석에 걸려 있는 샌드백을 힘껏 치고 있다. 건너편에선 미선이 피아노를 치고 있다. 준호, 미선을 힐끔힐끔 보며 주먹과 발로 번갈아 샌드백을 친다.)

간호사 : 준호 씨, 웬 운동을 그렇게 열심히 해요?

준호 : 미친년하고 싸우려면 힘 좀 키워놔야죠.

간호사 : 누구? 미선 씨를 때리게요.

준호 : 난 빚지고는 못 사는 성미예요. 아까 저년이 내 뺨을 때렸거든요.

간호사 : 그렇게 때리고 싶으면 날 따라오세요.

준호 : 예?

간호사 : 따라오시면 알아요. (환자들에게) 자, 다들 극장으로 모이세요. 사이코드라마 시간이에요.

준호 : 사이코드라마?

(간호사를 따라가 보니 덩그런 무대 위에 빈 의자가 하나

놓여 있다. 연출가가 무대로 올라간다.)

연출가 : 이 무대는 우리가 상상하고 소망하는 모든 것이
　　　　이루어지는 무대입니다. 과거에 맺힌 한을 풀고
　　　　싶거나 꼭 이루고 싶은 어떤 소망이 있으신 분
　　　　은 누구라도 좋으니 이 무대 위로 올라오세요.
（환자들이 쭈뼛대다가 하나둘 일어선다.)

준호 : (간호사에게) 어디서 걜 때려요?

간호사 : (웃으며) 저 무대 위로 올라가서 미선 씨를 실컷
　　　　때려주세요.

준호 : 누가 연극이래요. 진짜 패는 거지?

간호사 : 진짜로 때릴 수도 있어요.

준호 : 그래요. (앞으로 뛰어나가 다른 사람들을 밀치고
　　　　재빨리 의자에 가 앉는다.)

연출가 : (웃으며) 그래, 이 무대 위에서 어떤 것을 하고
　　　　싶으세요?

준호 : (미선을 가리키며) 저년을 패주고 싶어요.

연출가 : (미선을 향해) 미선 씨, 좀 도와주시겠습니까?

미선 : 네. (무대 위로 올라간다.)

준호 : 어쭈. 겁도 없네.

연출가 : 어떤 상황에서 미선 씨를 때리는 것으로 할까요.

준호 : 상황이요? 그런 것 필요 없어요. 내가 그냥 실컷
　　　　두들겨 패면 되요.

연출가 : 좋습니다. 준호 씨, 미선 씨를 때려보세요.

（준호, 잘 걸렸다는 듯 주먹을 다잡으며 미선에게 다가

간다.)

　　준호 : 각오는 됐겠지. 에잇.

　　연출가 : 잠깐만.

　　준호 : 뭡니까?

　　연출가 : 둘의 역할을 한번 바꿔보세요.

　　준호 : 네?

　　연출가 : 준호 씨가 미선 씨의 역할을 하고 미선 씨가 준
　　　　　　호 씨의 역할을 하는 겁니다. 서로 상대방의 입
　　　　　　장을 이해할 수 있는 좋은 방법입니다.

　　준호 : 뭐요?

(미선, 준호의 자리로 가서 준호를 자기 자리 쪽으로 민다.)

　　미선 : 빨리 가. (남자 목소리를 내며) 각오는 됐겠지. 에
　　　　　잇. (주먹을 날린다.)

(달아나는 준호. 쫓아가는 미선. 준호, 급기야는 무대 밖
으로 도망간다. 관객들 웃음.)

　　준호 : 나 안 할래요. (웃고 있는 간호사에게) 이거 완전
　　　　　히 사기당했네.

이중자아(double)

　　이중자아란 주인공과 함께하며 주인공의 위치나 느낌을 보
여주는 보조자아이다. 이중자아는 주인공과 공감적 유대관계
를 갖는다. 대체로 주인공 옆에서 약간 각을 지어 서며 일종의
'공동전선'을 편다. 이중자아 기법은 자기의 감정을 확실하게
표현하지 못하는 주인공에게 사용하는 것으로, 가장 깊숙한

심경을 밖으로 유도해낸다는 점에서 사이코드라마의 핵심 기법이라 할 수 있다.

일단 보조자가 주인공의 내면세계를 묘사한다. 이때 감정을 극대화하고, 비언어적 요소들을 언어화하며, 주인공의 태도에 진실성을 묻고, 주인공의 감정에 반대하거나 독백을 하는 등의 방법으로 주인공으로 하여금 자신이 미처 알아차리지 못하는 모순된 자아를 명확히 알 수 있게 한다. 즉, 이중자아는 타인의 심리적 쌍둥이가 되어 그의 내부 소리로 작용한다. 이로써 자아의 숨겨진 생각, 관심, 감정 등을 드러내 그가 이를 다시 충분히 표현하도록 하는 방법이다.

방백(asides, 치료적 독백)

주인공은 관객을 향해 자기의 의견을 말할 수 있다. 얼굴을 상대로부터 돌리거나 손을 들어서 자신의 내면의 느낌을 표현한다. 따라서 감추어진 생각이나 느낌이 밖으로 표현된 생각들과 병행해서 표현되기도 한다.

역할 표현(role presentation)

주인공은 어떤 역할이든 표현할 수 있다. 무생물 물체의 역할이라 하더라도 마치 느낀 바를 말할 수 있는 것처럼 행동할 수 있다. 따라서 집 안의 책상이 주인에게 어떤 식으로 무시되었는지 말할 수 있고, 의자가 부부의 사랑행위에 대해 지각한 바를 그 부부에게 말할 수 있다. 이와 비슷하게, 애완동물, 꿈

빈 의자 기법.

속의 인물, 태어나지 않은 자녀, 천국의 심판자, 그 외의 인물들이 사이코드라마에서는 모두 심리적으로 실제일 수 있다.

빈 의자 기법(empty chair)

주인공이 역할할 때 빈 의자가 보조자아를 대신할 수 있다. 빈 의자 기법은 주인공의 공격적, 혹은 착한 느낌을 자기와 가깝게 표현케 해준다. 이는 자아가 고통스러운 상황을 직면하기 어려울 때 완화작용을 하며, 상황을 스스로 충분히 조절할 수 있게 해준다. 빈 의자에 자신, 타인, 물건을 투사시켜 이야기할 수 있다.

보조세계(auxiliary world)

주인공의 현상적 경험을 재연할 수 있도록 집단과 실제 환경을 구성해본다. 예를 들어보자. 모레노의 환자 중에 자신이 예수라고 하는 망상을 가진 사람이 있었다. 결국 동료 치료자와 스테프들이 많은 보조자 역할을 하여, 사도들과 그 유사한 인물 역할을 재연했다. 이러한 보조세계를 통해 환자는 여러 가지 의식(ritual)들을 직접 해보면서, 그 역할에 늘 머물고자 하는 욕구를 떨쳐버리게 되었다.

등 뒤 기법(behind the back)

주인공은 구석으로 가고, 집단에게서 돌아서 있다. 집단은 주인공이 없는 것으로 가정하고 의견을 나눈다. 다른 방법으로는 주인공이 어떤 장면이나 상황을 보여준다. 그러면 집단은 그 인물보다는 문제에 대해서 토론한다. 또 다른 방법은 집단이 주인공으로부터 뒤돌아 앉도록 하고, 어떤 자극이 있어도 아무런 반응을 보이지 않도록 한다. 이 기법은 자기중심적인 주연자에게 탈중심적인 세계를 보여주며, 또 남들을 너무 의식하며 주체성이 약화된 주연자에게 실제로 남들은 주연자에게 관심이 없고 각자의 세계를 살고 있음을 깨닫게 해준다.

탈출법(breaking out) 혹은 원 압박법(pressure circle)

덫에 걸린 듯한 느낌을 가진 주인공의 경우, 집단끼리 팔을 잡고서 주인공을 안으로 몰아 그 안에 넣은 채 빠져나가지 못하게 한다. 주인공은 (폭력이 아닌) 적합한 방법을 써서 밖으로 나가려고 한다. 주인공은 살아가면서 경험하고 있는 어떤 특정한 압력이나 압박들을 이름지을 수 있고, 또한 일반적인 압박감으로 기술할 수도 있다. 대인관계에서 어려움이 있다면, 의자들로 원을 만들어 상징화하기도 한다. 이때 주인공은 의자들을 치워버린다.

춤과 동작(dance and movement)

주인공은 장면에서 아무 말 없이 움직일 수 있는데, 목적은 정서를 보다 충분히 표현하기 위해서이다. 또는 장면에 워밍업되도록 하려는 것이다.

미래투사 기법(future projection)

미래의 특정한 장면을 펼친다. 소장면을 포함하기도 한다. 가장 바랐던 결과, 가장 두려운 일, 과장된 반응, 현실적 기대 또는 닥쳐올 상황 등에 대해 탐색하는 것이다. 이는 불확실한 요소, 즉 애매한 것들을 구체화시키고 살아 있게 한다. 예기(像期)불안을 감소시키고 자신감을 심어주며 필요한 자질과 기술을 배우게 한다.

유도된 환상 기법(guided fantasy)

지도자가 언어로 지시하는 대로 한다. 주인공은 이완하고, 상상 속에서 지도자가 지시하는 대로 경험해본다. 사이코드라마적 기법을 수정하여 주인공으로 하여금 상황이 일어나는 대로 대처하도록 변형되기도 한다.

상위 의자 기법(high chair)

주인공이나 보조자가 단 위나 높은 의자에 올라간다. 위로 올라가면 보다 자신 있는 태도로 자기 주장을 할 용기를 갖게 된다. 보조자가 고조되면 주인공은 권위적 인물에게 청원하는 경험을 하게 된다. 이 기법에서 발코니를 사용할 수도 있다.

조명(lighting)

색깔 조명이나 희미한 불빛은 극화된 장면의 효과를 높인다. 빨간색 조명(지옥, 분노), 호박색 조명(야하고 경박한 사건), 푸른색 조명(내면, 하늘, 꿈, 우울), 다소 어두운 조명(수치, 친밀, 소외), 녹색 조명(시기, 속임) 등 주인공은 자기가 원하는 조명을 요구할 수 있다. 하루 중의 시간과 장소가 조명을 결정하는 요소가 되기도 한다(극장 소품이 유용하다 할지라도 사이코드라

사이코드라마 무대 위의 조명.

마에 필수적인 것은 아니다. 형식적인 무대가 요구되지도 않는다. 사람들이 상황을 행위화할 수 있는 방 정도로 충분하며, 이런 점에서 '무대는 충분하다.' 치료에서 행위의 가동성(동원성)은 매우 단순한 상황에서도 일어날 수 있으며, 이 행위화가 다른 어떤 기술적인 부가물보다 우선이다).

모노드라마(monodrama)

환자가 극의 모든 역할을 해보는 것이다. 이 기법의 장점은 주인공의 견해에 대해 알게 되는 것이다. 보조자가 요구되지 않으므로 개인 치료 부분이 될 수도 있다. 주인공이 역할 교대를 통해 견해를 확대시킬 수 있는 것도 또 다른 장점이다. 종종 빈 의자 기법과 함께 사용하는데, 주인공은 다른 의자로 움직여 감으로써 각각 다른 역할을 맡는다. 단점은 보조자의 행동으로부터 올 수 있는 자극이 결여되어 있다는 것이다.

비언어적 기법들(nonverbal techniques)

사이코드라마 도중, 춤, 음악, 팬터마임, 접촉 및 다양한 비언어적 의사소통의 특성들이 사용된다. 습관적인 언어로 인한 방어양식과 위축에서 벗어나도록 하는 영향력 있는 수단들이다.

비폭력 원칙(nonviolence)

사이코드라마의 전제 원칙은 집단에서 서로에게 신체적 피해를 주지 않는다는 계약 합의이다. 사이코드라마는 종종 적극적인 양식이 되므로 폭력의 환상을 포함한 언어적, 신체적 감정 표현이 있게 된다. 지도자와 집단 구성원들은 이러한 감정을 행동화하는 것을 상징적으로 표현하는 책임을 맡는다. 매트나 베개, 스펀지, 고무방망이('만남의 방망이') 등으로 때린다. 슬로우 모션과 같은 기술도 있다. 지도자는 참여자들에게 잠깐 멈추어 안경, 신발, 액세서리들을 벗도록 하여, 아무에게도 해가 없으리라는 생각을 전한다. 모든 사람들을 피해로부터 보호하면서 주인공의 강도를 유지하려는 의도를 보여준다.

의인화법(personification)

무생물 물체(책상, 의자 등)에 역할을 주거나, 동물, 추상적인 개념, 물체의 한 부분, 일반화된 다른 사람(즉, '그들')을 역할화한다. 보조자아는 그들이 모두 주관과 감정이 있는 것처럼 묘사한다.

소품(props)

사이코드라마에 몇 가지 소품을 쓸 수 있다. 가벼운 의자와 작은 테이블, 요, 담요, 베개, 스펀지, 고무방망이, 흔들의자, 부드러운 끈(얽힌 관계에서의 '묶여진 관계'를 나타냄), 올라설 수 있는 견고한 물건 등이다. 이러한 소품의 사용을 통해 비폭력 원칙을 유지하고, 실연을 증진시킬 수 있다. 또한 주인공의 워밍업도 촉진시킬 수 있다.

사이코드라마에서 사용하는 소품들.

사이코드라마적 쇼크법(psychodramatic shock)

주인공에게 경고 없이 정서적으로 부담되는 상황을 제시한
다. 그러나 집단이 충분히 워밍업된 시점에서 해야 한다. 이
기법은 주인공이 고통스런 상황에 대처하는 데 도움이 될 경
우에만 시도하도록 한다. 예로, 전쟁시의 상처, 이혼 요구, 사
망 소식, 또는 정신병 증세의 재발(환각, 망상 등) 등의 경우를
말한다.

물론 이 기법에 필수적인 것은, 기술과 판단력이 높은 수준
이어야 하고, 훈습 또는 통찰을 위한 시간이 충분하여 통합이
성취되어야 한다는 점이다. 이 기법은 일종의 '내파(內破)적
치료'와 '탈조건화'이다. 즉, 상처를 준 장면이 그 힘을 잃게
될 때까지 재연하는 것을 말한다. 예를 들어, 한 여자가 식탁
에 앉아 있는 아버지에게 너무 화가 나서 당장 죽으라고 말했
던 경우가 있었다. 그런데 놀랍게도 실제로 그 아버지가 죽었

다. 그녀의 치료를 위해 사이코드라마적 쇼크법으로 그 장면이 반복 재연되었다. 결국 치료 후에 그 여자는 그 장면을 삶속에 통합시킬 수 있었다.

재연법(replay)

사이코드라마에서는 장면들을 변화하여 재상연할 수 있다. 이는 좀더 많은 환기, 좀더 행복한 경과, 좀더 효과적인 대인관계 전략, 두려운 상황에 대한 탈감각적 반응 혹은 유사한 성과를 경험하도록 하기 위함이다. 장면, 참가자, 주인공의 행동, 다른 사람의 행동 등을 바꾸어볼 수 있다. 그러나 한 번에 한 변수만 바꾸는 것이 최선이다.

신체 접촉(touching)

사이코드라마에서는 그 과정에서 신체 접촉이 있을 수 있다. 긍정적인 예로서, 따뜻한 악수나 어깨를 감싸는 행위를 할수 있다. 또는 부정적인 예로, 경멸조로 밀어버리는 동작을 취할 수가 있다. 사람들의 어릴 적 경험은 대부분 그들이 이끌어지고, 안겨지고, 토닥거려진 방식에 영향을 받아왔다.

자발적 이중자아(voluntary double)

관객 성원은 지도자에게 신호를 보낸 후 (허락될 경우) 이중자아로 극에 참여할 수 있다. 그들 자신이 생각하기에 주인공과 매우 동일시되어 창조 과정을 촉진시킬 수 있다고 믿는 경우에는 언제나 그렇게 할 수 있다. 자발적 이중자아는 지도자가 그만두도록 할 때까지 행위할 수 있다. 물론 자기 역이 끝나는 대로 곧 들어가도 된다.

시간 퇴행 기법(time regression)

외상, 불쾌한 경험, 기타 과거의 경험으로 인한 문제가 있을 때, 혹은 현재의 어려움이 과거의 경험과 관계가 있을 때, 우리는 과거로 돌아가 그것을 지금-여기에서 일어나는 일로 다시 다룬다. 예를 들어보자.

(사이코드라마 무대 위에 대인 공포증 환자 임철 씨와 연출가가 마주 앉아 있다.)

임철 : 사람 대하기가 좀 어려워요. 표정이 자연스럽게 안 돼요. 화난 사람 같다는 얘기도 많이 들었어요. 이 때문에 입사시험을 몇 번째 떨어지는지 몰라요. 필기시험은 잘 붙는데 면접에서 꼭 파이예요.

연출가 : 혼자 있을 때도 그런가요?

임철 : 아, 아니에요. 혼자 있을 때는 괜찮은데 꼭 남들과 있을 때…… (얼굴이 붉어진다.) 사람을 만날 때 말을 좀 잘했으면 해요. 얼굴도 빨개지지 않고…… 긴장하거나 말도 더듬지 않는 그런 사람이 되었으면 해요. 처음엔 남들이 날 이해 못 한다고 생각이 들었고, 원래 내 성격을 몰라주는 그

들 탓이라고 믿었어요. 헌데 계속 많은 사람하고 그러다보니…… 그런 관계가 되다보니…… 이젠 인정해요. 어느 정도는 제 태도에도 문제가 있지 않을까…….

연출가 : 이런 자기를 생각할 때 떠오르는 것이 있나요?

임철 : 고1 때였어요. 수업시간이었죠. 선생님이 한 사람, 한 사람에게 발표를 시켰어요. 내 차례가 되었죠……. 답할 내용을 분명히 알고 있었던 것 같은데……. 단상에 서는 순간…… 아무 생각이 안 나는 거예요.

연출가 : 좋습니다. 그때로 한번 돌아가보시겠습니까?

임철 : (주저한다.)

연출가 : (웃으며) 그러면 구경만 하세요.

(임철은 관객석에 앉고 보조자아들만 무대에서 연기한다.)

보조자아 1(선생) : (위압적으로) 성민이 이리 나와 발표해봐!

보조자아 2(성민) : (쭈뼛쭈뼛 무대로 나온다.)

성민 : ……이육사의 민족주의적 시풍이(더듬기 시작한다)…… 김정식의 서……정…….

선생 : 논다, 놀아. 너 지금 코미디하냐?

(관객들, "와!" 하고 웃는다.)

선생 : 다시 한번 해봐!

성민 : ……이……육……사……의…….

선생 : (기막혀 하며) 어쭈. 아예 원맨쇼를 해라! 원맨쇼를.

(다시 "와!" 하고 웃는 사람들. 더욱 당황하는 성민. 임철,
뚫어져라 그를 본다.)

연출가 : (임철에게) 저 학생에 대해 어떻게 생각하세요.

임철 : (화난 듯) 선생님이 나빠요. 조금만 격려해줘도 잘
　　　할 텐데.

연출가 : (임철에게) 선생님이 한번 돼보세요.

임철 : (놀라며) 네? 제가요?

연출가 : 연극이니까 부담 갖지 마세요.

(임철, 주저하다가 올라가 선생 역할을 한다.)

성민 : (얼굴이 붉어지고 땀을 뻘뻘 흘리며) 이……
　　　육……사…….

임철(선생 역) : 내용은 잘 알고 있는 것 같은데 다소 긴장
　　　　　　　하고 있구만……. 천천히 차분하게 해봐.

성민 : (기뻐하며) 네! 이……육……사…… 의……민.

임철(선생 역) : 아, 아주 좋아요. 그렇게 말하니까 아주
　　　　　　　보기가 좋네. 좀더 자신감을 갖고 얘기해
　　　　　　　봐요.

성민 : 네! (목소리에 힘이 들어간다.) 이육사의 민족주의
　　　적 시풍이 김정식의…….

(관객들, 환호하며 박수를 친다.)

연출가 : (임철에게) 기분이 어떻습니까?

임철 : 아주 좋습니다.

연출가 : 그럼 우리 입사시험 면접장소로 가볼까요?

임철 : 네? (두려워한다.)

연출가 : 부담스러우시면 임철 씨로서가 아니라 면접관을
　　　　 해보는 겁니다.

(임철은 다른 면접관(보조자아)과 앉아 있고 성민이 쭈뼛
쭈뼛 들어온다.)

면접관 : 성민 씨!

성민 : (떨리는 듯) 네!

면접관 : 어디 불편한가?

성민 : (여전히 떨면서) 아, 아닙니다.

면접관 : 헌데 표정은 왜 싸울 기세인가. 나한테 뭐 불만
　　　　 있나?

성민 : (말없이 땀을 닦는다.)

면접관 : 그래, 영어 실력은 어느 정돈가?

성민 : (어색한 웃음을 지으며) 유창하진 않지만 그럭저
　　　　 럭……기본 회화 정도는…….

면접관 : (기가 막히는 듯) 아니, 왜 웃나!

(성민, 당황한다.)

면접관 : 나, 참. 한창 젊은 사람이 왜 그래. 패기가 있어
　　　　 야지.

(성민, 어깨를 늘어뜨리고 무대를 내려간다.)

연출가 : (임철에게) 지금 기분이 어떠세요.

임철 : 착잡합니다.

연출가 : 왜 그렇죠?

임철 : 저 젊은이가 얼마나 좌절할까 생각하면 제가 더
　　　　 답답해집니다.

연출가 : 어떻게 하면 저 젊은이를 좌절에서 구할 수 있을까요?

임철 : 용기를 주면 될 것도 같은데.

연출가 : 한번 용기를 줘보세요.

(연극은 다시 계속된다. 성민, 어깨를 늘어뜨리고 무대를 내려간다.)

임철 : 잠깐. 잠깐. 우리 회사에 지원한 동기는 뭡니까?

성민 : 우……선……성장……가능성이……크고……직원……들의…….

면접관 : 안 되겠어. 저래가지고 어떻게 영업사원을 하나!

임철 : 잠깐만……. 그래, 계속해보세요.

성민 : 화합된……분위기가……좋고…….

임철 : 네, 마음 편안히 갖고 천천히 말씀하세요

성민 : 무엇보다……출판문학에……기여한다는……각오로 지원했습니다.

면접관 : 어, 점점 나아지는데!

임철 : (부드럽게) 가족은 어떻습니까?

성민 : (목소리가 높아지며) 부모님이 계시고, 2남1녀 중 막내입니다.

임철 : (미소지으며) 계속하세요.

성민 : (큰 목소리로) 형님, 누님, 모두 출가하고 저는 미혼입니다. 저는 앞으로 이 회사의 주춧돌이 된 다음에 결혼할 작정입니다.

면접관 : 이거 내가 사람을 잘못 볼 뻔했네. 정말 미안합

니다. (일어나 성민에게 악수를 청한다. 성민,
악수를 하자마자 임철에게 다가와 고개를 숙인
다.) 감사합니다.

(임철, 쑥스럽게 성민의 손을 잡는다.)

연출가 : (임철에게) 기분이 어떻습니까?

임철 : 아주 좋습니다. 저도 자신이 생깁니다.

연출가 : 수고하셨습니다. (임철과 악수를 한다.)

사이코드라마의 특성과 효과

사이코드라마의 특성

사이코드라마는 1) 인지적, 언어적 차원뿐만 아니라 신체
동작, 그리고 다른 행동 차원까지도 포함한다. 즉, 인간의 모
든 차원을 이용하고 있다. 2) 인간은 자신의 생각이나 느낌을
행위화하려는 무의식적인 욕구(act hunger)를 가지고 있는데,
사이코드라마는 이러한 욕구를 충족시켜준다. 3) 또한 사이코
드라마는 인간의 개인성뿐만 아니라 사회성, 집단성을 강조한
다. 인간이 가지는 대부분의 갈등은 대인관계에서 나타나는
경우가 많다. 사이코드라마에서는 사회 내의 여러 역할들에
중점을 두고 있어 대인갈등을 쉽게 다룰 수 있다. 4) 이 밖에
사이코드라마는 구체적이고 현실적인 참여의 측면에 중점을
둔다. 즉, 사이코드라마에서는 내담자(來談者)가 보조자의 도
움을 받아 현실 밖의 무대 위에서 현실의 구체적인 상황을 지

금-여기의 상태로 연기하게 된다. 다시 말해 현실 밖에서 현실적이고 구체적인 상황을 경험하게 되는 것이다.

사이코드라마의 효과

블래트너(A. Blatner)는 사이코드라마의 심리적 기초를 다음과 같이 요약하였다.

놀이에 대한 타고난 경향성을 아동 치료 외에도 청소년과 성인 치료에 활용할 수 있다. 생생한 경험을 증가시키는 활동과 기법을 사용하는 것은 환자에게 힘을 실어주게 된다. 기술 습득을 지향함으로써 치료적 동맹의 인지적 요소를 유지해나갈 수 있고, 보다 심층적인 태도를 다루게 된다. 자기표현의 통로를 개발시켜줌으로써 이전에 다루어진 적이 없는 정서적 욕구를 건강하게 승화시키는 데 도움을 줄 수 있다. 미래를 강조하고 좀더 활기찬 자아 이상을 창조하는 능력을 개발하는 방법을 적용하는 것은 치료의 또 다른 중요한 측면이다. 이 모든 것들을 통해 환자들은 자신의 주관적 경험과 현실에 대한 객관적 평가 사이에서 보다 기능적인 연결을 만드는 데 도움을 받을 수 있다.

이 밖에 김유광은 사이코드라마를 통해 얻어지는 효과에 대해 다음과 같이 요약하고 있다(1984). 첫째, 심리극을 하면서 자신을 보다 깊이 있게 이해하게 된다. 이는 연기 중에 이제까지 자신이 알지 못하던 자기 무의식에 있는 심리적 내용을 통찰함으로써 가능해진다. 현재 무대에서 보조자아들과 관계를 맺는 방식 속에 자신의 대인관계 양식이 그대로 투사됨으로써 문제를 보다 분명하게 인식할 수 있다. 궁극적으로는 이를 통하여 자아 영역이 확장될 뿐 아니라 더불어 살아가는 사회 속의 한 개인으로서 자기와 타인에 대한 책임감이 증진될 수 있다.

둘째, 극중의 여러 가지 역할들을 연기하여봄으로써 현재 행동을 보완해줄 대안적 행동을 익히게 된다. 또한 자신을 표현하는 능력도 향상될 수 있다. 즉, 사회적 기술이 증진되는 것이다.

셋째, 이미 지나쳐온 자신의 과거, 어떻게 벌어질지 모르는 미래, 혹은 지금과는 다른 현재 등 여러 다양한 가상적 현실들을 심리극 무대에서 경험하는 과정에서 자신의 가치관이나 인생철학을 인식하게 된다. 또한 가치관을 재검토하는 효과도 있다.

넷째, 상상을 통해 자기의 꿈과 그것이 상징하는 바, 그리고 직관력의 향상 등 개인적 성장에 필요한 기술을 배우게 된다.

다섯째, 연극이 가진 유희성, 즉흥성, 예술성을 통해 즐거움을 얻을 수 있다. 신체 동작을 통해 운동감각적 생동감도 깨닫게 된다. 즉, 심리극을 통해서 우리는 즐거움과 생동감, 유머감각을 회복하고, 자기에 대한 통찰과 인식을 증진시키며, 새로운 행동반응을 습득할 수 있는 기회를 가질 수 있는 것이다.

사이코드라마에서 꿈 다루기

나의 사이코드라마는 모레노보다는 오히려 융(C.G. Jung)에게서 큰 영향을 받았다. 사이코드라마를 시작하면서 동시에 융심리학회에 가입해 융분석을 받았기 때문이다. 융심리학에서는 꿈을 무척 소중히 한다. 나는 3년간 융분석을 받았는데, 3년 내내 오로지 꿈만을 분석했다. 그 경험은 나에게 무척 소중했다. 내 안의 또 다른 나, 무한한 에너지와 만날 수 있었기 때문이다. 그래서 나는 요즘도 하루의 최우선 일과로 꿈일기를 쓴다. 여기서 더 나아가, 나는 꿈을 사이코드라마에 적용하는 도입 단계로 꿈가게 기법을 만들었다. 꿈가게는 (주연자를 자연스럽게 마음의 세계로 인도하는 마술가게와 마찬가지로) 주연자가 꿈의 세계로 자연스레 들어갈 수 있도록 고안됐다.

꿈가게 기법

(남녀 요정들이 올라가면서 무대가 밝아진다.)

요정(여) : 어머, 참 아름다운 꿈들이네. 너무 예쁘다. 이건 무지개 꿈이네. 참 먹음직스럽다. (허공에 손을 뻗어 꿈을 잡아먹는 시늉을 한다.)

요정(남) : 얘, 얘, 넌 가게에서 파는 꿈을 자꾸 먹어버리면 어떻게 하니.

요정(여) : 뭐 어때. 이렇게 꿈을 먹어서 내 마음속에 따뜻하게 품고 있다가 손님이 달라고 할 때 토해주면 되지.

요정(남) : 에이 지저분해. 너하고 같이 장사하다가는 남는 게 없겠다. 자, 오늘도 장사를 해야지.

요정(여) : 무슨 장사? 꿈장사! 그래 그러면 네가 꿈가게를 설명하려무나. 나는 예쁜 꿈들을 좀더 많이 먹어둬야겠다. (계속 꿈을 먹는 시늉을 한다.)

요정(남) : 어휴, 그저 먹는 것밖에 몰라. (관객석을 향해) 안녕하세요 우리 가게는 꿈을 다루는 가게입니다. 우리 가게에는 우리 마음속에서 상상하는 모든 꿈들이 있죠 밤에 잠잘 때 꾸는 꿈에서부터 나는 장차 무엇이 되고 싶다고 소망하는 꿈, 또 이런 꿈만은 꼭 꾸고 싶었는데 아직까지 못 꾸어서 아쉬웠던 꿈 등 모든 종류의 꿈이 있죠

요정(여) : 꿈은 우리들의 영혼, 정신현상과 아주 밀접한 관계가 있답니다. 꿈을 따라가다보면 우리는

어느덧 정신 깊숙한 곳으로 들어가 많은 신비한 것들을 접하게 되죠.

요정(남) : 오늘 우리는 꿈가게를 열어볼까 합니다. 과거에 인상적이거나 자주 반복되는 꿈을 꾸신 분, 혹은 이 꿈만은 꼭 다시 꿔보고 싶다는 분은 어느 누구라도 좋으니 우리 가게를 이용해주세요.

요정(여) : 자, 여기에 빈 의자가 있습니다. 이 의자는 꿈의자로서 이 의자에 앉으면 누구라도 다 꿈나라로 가게 됩니다. 누구라도 좋으니, 또 어떤 내용이라도 좋으니 우리 가게에 오셔서 여러분들의 꿈을 팔도록 하세요. 여러분들이 꿈을 파시면 우리 또한 여러분들께 꿈을 드리겠습니다. 자, 여러분들의 꿈을 삽니다. (요정 등 여기저기 관객석을 기웃거린다.)

'꿈'에 대한 프로이트와 융의 견해

프로이트는 자신이 꿈을 다루는 방식을 꿈 분석(dream analysis)이라고 했다. 그는 '꿈'이란 잠을 깨우지 않기 위해 무의식의 욕동이 응축, 변형돼 나타난 것이기 때문에, 그 본래 욕동을 구분하기 위해서는 표면적인 꿈(현재몽, manifest dream)을 분석해 본래 꿈(잠재몽, latent dream)을 찾아내야 한다고 보았다. 그러나 융은 꿈을 다루는 방식을 꿈 합성(dream synthesis)이라고 했다. 여기서 꿈 합성이란 꿈을 자연적인 현상으로 생각해 그 안의 무한한 에너지를 의식의 자아와 합체하는 방식을 말한다.

프로이트와 융을 좀더 비교해보자. 프로이트는 꿈의 내용물에 응축된 에너지를 풀어내는 과정으로 꿈 내용을 연상(꿈 연상, dream association)시켜 성장 과정의 억압 및 외상적 경험들에 접근해갔다. 그러나 융은 꿈 내용을 확충시켜(꿈 확충, dream amplification) 꿈이 갖고 있는 상징적 의미에 집중했다. 연상은 꿈 내용물에서 떠나 성장 과정의 의미 있는 관계로 접근해 들어가지만, 확충은 꿈 내용물에 계속 머무르면서 그 안에 내재된 의미나 역동을 파악하는 것이 그 차이점이라 하겠다.

물론 꿈 합성도 꿈 분석에서 시작하는 것이고 꿈 확충도 꿈 연상에서 시작하는 것이다. 따라서 제대로 다루는 꿈은 이들 용어를 모두 포함할 것이다. 융은 프로이트가 섹스라는 개념에 객관적인 섹스뿐만 아니라 주관적인 섹스(의식과 무의식의 합일)까지 포함시켰다면 자기 이론과 차이가 없었을 것이라고 말했다. 이를 보면 프로이트와 융은 대립적이라기보다는 상호보완적인 것 같다.

사이코드라마에서 꿈은 다음의 네 가지 방식으로 연상, 확충시킬 수 있다.

① 연출가가 직접 무대 위에서 개인정신치료하듯이 주연자에게 꿈을 연상시킴(psychodramatic interview).
② 보조자아들이 그 꿈속의 상이나 인물이 되어 주연자와 자연스럽게 대화하면서 연상시킴.

③ 보조자아들이 그 꿈속의 상들이 되어 "나를 보면 무
  슨 생각이 나지?" "나를 보면 무엇이 연상되지?" 하
  는 식으로 연상, 확충시킴. 이때 꿈속에서의 상이 너
  무 상징적일 때는 보조자아가 탈을 쓰고 등장함.
④ 역할 전환(role reversal)만으로 연상을 대신함.

구체적인 예를 들면 이러하다.

　　주연자 : 며칠 전에 꾼 꿈은요, 이렇게 나무가 있는데, 겨
　　　　　　울나무예요. 이파리도 없고. 그런데 친구가 이렇
　　　　　　게 잘못을 해서 그 나무가 막 불이 나는 꿈을
　　　　　　꾸었어요.
　　(보조자아를 환자의 친구로 등장시켜 나무에 불을 붙이는
　　시늉을 하게 한다. 그 후 상황에서 환자가 이끄는 대로 나무
　　의 불을 끄게 하고 환자와 친구인 보조자아가 마주 앉아 대
　　화를 한다.)
　　친구 : 근데 있잖아, 아까 불이 막 빨갛게 타오를 때 너
　　　　　무슨 생각했니?
　　주연자 : 신나지. (신나게 웃는다.)
　　친구 : 너 무슨 생각했어?
　　주연자 : 나? 그때 무슨 생각했더라. 갑자기라 무슨 생각
　　　　　　이 안 나는데.
　　친구 : 어쩜 그렇게 나무가 쉽게 타니, 그치?
　　주연자 : 그래도 그걸 보고 걱정이 안 되더라고? 나무 타

는 게.

친구 : 그냥 활활 타지.

주연자 : 구름이 이렇게 뭉게뭉게 피어오르는 것처럼 타더라고. 보니까.

친구 : 야, 너 불 보니까 무슨 생각이 나데?

주연자 : 불 보니까? 내 마음이 다 타올라서 빨갛게 되는 것 같더라고.

친구 : 어! 내 마음이 타는 것 같았어?

주연자 : 그래.

친구 : 그래서 어땠니?

주연자 : 기분이? 걱정은 되더라고. 한편으로 걱정이 되는데, 좋았어. 있잖아. 이렇게 집에 불나는 것 있잖아, 그런 걸 보면, 큰 건물들 불나는 것 보면 막 겁이 나더라고, 그런데 그 불을 보고서는 그렇게 겁 같은 것이 안 났어. 그거 이상하더라.

친구 : 왜 그랬을까?

주연자 : 글쎄 말이야. 이상하게 연기가 나야 하는데 연기가 안 나더라고. 하나도 없어 연기가.

친구 : 넌 그럼 불을 보고 무슨 생각이 많이 들었니?

주연자 : 불을 보고? 근데 그냥 깨끗한 생각만 많이 들었어. 단순하게.

친구 : 깨끗해? 또 뭐?

주연자 : 그냥 지저분하지도 않고 투명하기 때문에 무지 깨끗하더라고.

자아초월 사이코드라마

'자아'란 의식의 중심으로, 보통 '나'라고 생각하는 것이다. 그러나 우리 정신에는 자아 이외에도 스스로 움직이는 많은 부분들이 있다. 바로 무의식의 자율성이다. 무의식의 자율성은 평소에는 잠재되어 있다. 그러나 그것들이 발현될 경우 또다른 무수한 자아처럼 작용한다. 우리 존재는 자신을 실현하려는 경향이 있다. 그래서 자아가 (센 고집 등으로) 자기 벽을 공고히 할 경우, 억압된 무의식이 강하게 반발해 자아를 무너뜨려 정신질환, 범죄, 자살을 초래하기도 한다.

지금까지 대부분의 정신치료는 자아의 현실감을 강화시키는 쪽으로 진행되어왔다. 그러나 자아초월 정신치료는 정신치료의 범위를 자아에만 국한하지 않고 존재 전체를 대상으로 한다. 자아초월 사이코드라마는 자아보다 강한 에너지를 체험함에 있어 '무대'라는 안전한 공간을 제공한다. 무의식이 시간과 공간을 넘어 아무리 끝없이 펼쳐져도, 연극이 끝나면 그는 본연의 자아를 다시 회복할 수 있다. 이런 점에서 사이코드라마와 자아초월 정신치료는 꽤 잘 어울리는 파트너라고 할 수 있다. 그래서 기존의 사이코드라마에서도 워밍업 과정에서, 또는 상황극으로 자아초월현상을 많이 이용했다. 자아초월 사이코드라마의 형태를 몇 가지 소개한다.

무의식과의 만남

관객들에게 자기가 알고 있는 귀신 이야기나 유령 이야기(융심리학에서 귀령현상은 무의식의 자율적인 콤플렉스가 투사된 것으로 이해한다)를 하라고 한다. 다음으로 오늘은 여러분들과 함께 영혼의 세계, 저승의 세계로 들어가보겠으니, 영혼의 세계로 들어가기를 희망하는 자는 누구든 나오라고 한다. 주연자를 그의 깊은 무의식으로 데려가기 위해 다음과 같은 도입 단계 신을 설정한다.

　　(영혼의 인도자(보조자아)가 주연자를 데리고 영혼의 세계로 다가간다. 영혼의 세계로 들어가는 입구에 탈을 쓰고 죽은 시체 세 구가 손을 깍지낀 채 누워 있다.)
　　인도자 : 여기 있는 사람들은 모두 죽은 사람들입니다.

당신이 영혼의 세계로 들어가기 위해서는 이
사람들을 통과해야만 합니다. 영혼의 세계란
죽음도 실제와 같이 살아 움직이며 신이나 동
식물과도 대화를 나눌 수 있는 곳입니다. 그 세
계는 주어지는 세계가 아니라 당신이 마음속에
서, 스스로의 체험 속에서 발견해야 하는 세계
입니다. 자, 이 시체들을 보십시오. 그리고 당
신이 진정으로 영혼의 세계로 들어가기를 원한
다면 이 시체들과 교감할 수 있다고 생각하세
요. 자, 시체들을 보세요. 이미 오래전에 죽어
버려 썩은 악취를 풍기고 있는 이 시체들의 몸
을 자세히 들여다보세요.

(주연자가 시체를 본다. 시체는 꼼짝 않고 가만히 있다.
주연자가 흔들거나 물어봐도 꼼짝하지 않는다. 주연자가 의
아해하며 다시 영혼의 인도자를 본다.)

인도자 : 시체의 몸에서 어떤 변화나 움직임을 발견했나요?

주연자 : 아무런 것도 발견하지 못했습니다.

인도자 : 자, 그러면 제가 도와드리겠습니다. 당신을 인도
해서 이 시체와 교류할 수 있도록 하죠. 이제
저 굳게 닫힌 영혼의 세계로 들어가는 문을 열
어드리겠습니다. 다시 시체를 한 구 한 구 자세
히 보세요.

(주연자가 다시 시체를 한 구 한 구 자세히 본다. 그러자
주연자가 본 시체의 깍지낀 손이 꿈틀거리다가 풀려 떨어진

다. 주연자의 눈이 돌아가는 곳마다 시체의 손가락이 움직이거나 깍지꼈던 손이 풀리거나 팔이 움직인다.)

인도자 : 이제 무슨 변화를 느꼈습니까?

주연자 : 시체들이 움직였습니다.

인도자 : 좋습니다. 죽은 사람이 움직이는 것을 볼 수 있는 지금은, 당신이 영혼의 세계로 들어갈 수 있는 순간입니다. 이제 당신은 영혼의 세계로 들어가 그 안에서 자신의 영혼뿐 아니라 시공을 초월해 자기 마음에서 구하는 것은 무엇이든지 얻을 수 있고, 누구와도 맘날 수 있을 겁니다. 꽃과의 대화도, 귀신들과의 만남도 모두 가능하게 됩니다. 자, 이제 들어가볼까요?

(영혼의 인도자가 주연자를 데리고 영혼의 세계로 들어가는 문을 통과한다. 영혼의 인도자는 주연자를 데리고 문으로 나가서 주연자를 문밖의 의자에 앉힌다.)

인도자 : 지금 기분이 어떻습니까?

주연자 : 묘한 느낌입니다.

인도자 : 자, 이제 아무런 두려움도 갖지 말고 편안한 마음으로 영혼의 세계를 거닐어봅시다. 그러면 우리 마음을 가다듬기 위해 우선 영혼의 세계부터 구경해볼까요?

주연자 : 네.

(영혼의 인도자, 주연자의 곁에 서서 주연자의 어깨에 손을 얹는다. 갑자기 천둥, 번개가 치고 빛이 사방에서 번득인

다. 사람들이 공포에 질린 얼굴로 혹은 긴장된 모습으로 황급히 달려가며, 그러다가 갑자기 나란히 줄을 선다. 그들은 마치 죽은 자들같이 무표정한 얼굴로 줄을 서다가 로봇같이 부자연스런 딱딱 끊어지는 몸짓으로 무대를 나간다. 그러자 하얀 옷을 단정하게 입은 한 여인이 중얼거리듯 노래를 부르며 무대 한가운데로 나오더니 주연자를 보며 미소를 짓는다. 그녀는 주연자의 이름을 나직이 한 번 부르고 대답이 끝나기를 기다려 「파우스트」의 서문에 나오는 다음과 같은 시를 읊는다.)

여인 : 그대들 다시 다가오는, 희미하게 흔들리는 모습이여, 그 옛날 나의 흐릿한 눈에 가끔 나타난 모습이여. 이번만은 그대들을 꼭 사로잡도록 시도해보자. 내 마음은 아직도 그 환상을 그리워하는 것일까? 그대들은 몰려오는구나. 그러면 좋다. 마음대로 해보렴. 구름과 안개 속에서 내 몸 가까이로 헤치고 올라와서, 그대들 무리를 감돌며 솟아오르는 불가사의한 숨결에, 내 가슴은 흔들리고 젊어짐을 느낀다.

인도자 : 저기 서 있는 저 하얀 옷의 여인은 당신 마음속의 영혼이랍니다. 지금 그녀는 당신을 만나 하나 되기를 원하고 있어요. 자, 일어서서 당신의 영혼에게 가세요. 저 영혼은 당신에 관한 모든 것을 알고 있답니다.

전생최면극

주연자에게 자기 일생에서 가장 편안한 곳에 와 있다고 상상케 한다. 주변을 둘러보게 한 후 어떤 동굴(문 등을 이용)을 발견하게 한다. 동굴로 들어가면 나선형의 계단이 있는데 그 계단을 내려감에 따라 나이가 점점 어려진다고 암시를 준다. 영혼의 인도자(보조자아)가 주연자를 데리고 아래로 내려간다. 주연자는 어린아이로 어려지고, 계속해서 갓난아이로까지 어려진다. 어머니 자궁 속으로 들어가면 급기야는 하나의 점 같은 존재까지 연령 퇴행한다.

그때 그의 눈앞에 커다란 문이 보인다. 그 문을 열고 들어가자 안에서 밝은 빛이 나오며 움직이는 이미지가 느껴진다. 전혀 처음 보는 이미지이지만 뭔가 낯익기도 하다. 주연자에게 그 이미지를 상상케 하거나 보조자아가 살아 있는 이미지로 튀어나올 수도 있다. 그리고 주연자에게 연상을 시킨다. 예를 들어 "내가 누구냐?" "넌 전에 나하고 아주 밀접한 관계 또는 빚을 진 적(혹은 준 적)이 있는데 기억하느냐?"고 묻는다. 소극적인 주연자의 경우에는 아름다운 여인이 튀어나와 당신께 빚을 많이 졌다고 하며 극진히 대접할 수도 있다. 누구나 갖고 있으나 표현하기 힘든 마음(적개심, 환상, 꿈 등)을 전생이라는 상황 설정을 통해 안전하게 다룰 수 있다. 또 현재 너무나 간절하나 이루지 못한 것 등을 무대 위에서 이루게 하거나, 그것을 전생이나 후생으로 다룰 수도 있다. 나는 예전에 전생

최면극을 현실에서 시도했었다. 또한 이를 시나리오로 형상화해본 적이 있는데, 내용은 이러하다.

전생에 서로 사랑한 궁녀와 내시가 현장에서 다른 환관에게 발견되어 서로 부둥켜안고 자살한다. 그들의 시체는 갈기갈기 찢겨 거리에 팽개쳐지는데 그들의 한은 다음 생에서도 지속된다. 다음 생에서 처녀 효정(전생의 궁녀)은 유부남 애인 진우(전생의 내시)를 사랑하게 된다. 그들을 발각한 환관은 궁녀(효정)의 아버지로 태어난다. 효정과 진우는 서로 사랑하나 다시 효정의 아버지에 의해 갈린다. 효정은 정신병에 걸려 아이들을 납치하는 범죄를 저지르게 된다. 빨리 아이들을 찾기 위해 정신과 의사 정훈은 효정에게 전생 최면극을 시도한다. 정훈은 여기서 임금 역을 맡는다.

#. 신령 바위 앞
(정훈이 근엄하게 앉아 있고 최면에 걸린 효정은 의자에 묶인 채 있다. 주위에 늘어선 보조자아들, 포졸같이 서 있다.)
정훈 : (효정에게) 내가 너를 그렇게 총애했거늘 네가 어찌 나한테 이럴 수 있느냐!
효정 : (고개를 숙인 채 아무 말이 없다.)
정훈 : 고얀 것! (진우에게) 네가 목이 몇 개라고 감히 짐의 계집을 넘보는 거냐! 네가 그러고도 살아남길 원하느냐!
진우(보조자아) : 황공하옵니다. 상감마마! 하지만 너무도

사랑했기에 보이는 게 없었습니다.

정훈 : 고얀 것. 매우 쳐라!

(직원들, 매를 들고 치고 진우 역의 보조자아가 비명을 지른다. 고개를 숙이고 있던 효정, 불쑥 고개를 든다. 그녀의 시야에 들어온 장면이 뭔가 매우 익숙하다.)

#. 전생최면극

(장면은 전생으로 넘어간다. 상감마마의 친국장이다. 효정이 의자에 묶여 있고 진우는 포졸들에게 매를 맞고 있다.)

효정 : 마마, 통촉해주시옵소서. 모든 불찰은 소녀에게 있사옵니다.

상감 : 너는 영이 맑아 내가 각별히 아껴줬거늘 네가 어찌 나한테 이럴 수가 있느냐! 모든 것은 분명 저 간교한 놈의 짓이렸다. 매우 쳐라!

효정 : 마마, 통촉하시옵소서. 모든 불찰은 소녀에게 있사옵니다. (흐느낀다.)

상감 : 네가 정녕코 저놈을 사랑했단 말이냐! (눈물을 글썽인다.)

효정 : 마마!

상감 : 고얀 것! (벌떡 일어난다. 환관에게) 풀어줘라!

환관 : 네?

상감 : 모든 것은 과인의 불찰이로다. 계집의 마음 하나 사로잡지 못하는 내가 어찌 일국을 다스린다고 할 수 있겠느냐. 과인이 그동안 공부를 게을리 한 탓

이다. 저들은 나에게 소중한 깨달음을 주었다. 저
들에게 땅을 주어 편안히 여생을 보내도록 하라!

환관 : 마마, 어찌 저들에게 그런…….

상감 : 시키는 대로 하라!

사람들 : 성은이 망극하오이다.

(포졸들, 효정과 진우의 오라를 풀어준다. 상감, 퇴장하려
한다. 효정, 몸부림치며 상감 앞에 꿇어앉는다.)

효정 : 마마, 성은이 망극하오이다. 받자온 은혜 백번 죽
었다 다시 태어나도 갚을 길이 없을 것입니다.
(혀를 깨문다. 피를 흘리며 옆으로 쓰러진다.)

상감 : 효정아! (가서 부둥켜안는다.)

효정 : 마마, 어린 이 계집을 용서하여 주시옵소서! 다시
뫼실 기회가 있다면 (상감의 눈가에 어린 눈물을
닦아주며) 두 번 다시 옥루를 흘리게 하는 일
은……. (죽는다.)

상감 : 효정아!

(쏟아지는 비! 진우, 엎드려 통곡한다)

#. 현실

(빗속에서 입가에 피를 흘리며 쓰러지는 효정. 간호사, 달
려가 거즈를 입에 넣고 지혈한다. 정훈, 멍하니 서 있다. 자
기도 믿기지 않는 표정이다. 효정, 가까스로 다시 일어나 정
훈에게 다가간다. 정훈의 얼굴을 어루만지는 효정. 마치 상
감의 얼굴을 어루만지는 것 같다.)

효정 : 아이들은 저 너머 산사에 있어요.

영혼의 의자

우리 마음에는 많은 영혼(무의식의 자율성)이 있다. 그 영혼들은 각기 살아 움직인다. 그 중에서는 현실에서 내가 정말 필요로 하는 부분도 있다. 연출가는 주연자가 그 영혼이 되게 하거나 그 영혼과 만나게 하면서 연상을 시킨다. 영혼의 의자 기법은 워밍업으로도 쓸 수 있다. 주연자를 의자에 앉혀 영혼이 되게 하고 가장 결합하고 싶은 육체를 선택케 해 어울리게 할 수도 있다.

무대 위의 정신병

의식은 질서정연하게 움직이지만, 무의식은 모순으로 얽혀서 그 뜻을 이해하기가 어렵다. 무대 위에서 자기가 느끼는 대로 상이 튀어나오거나(주연자가 생각하는 대로 행동하는 등), 우연의 일치로 인해 엉뚱한 일이 벌어지면서 주연자의 의식을 해체한다. 연출가는 주연자가 무의식의 기운을 해방시키게끔 의도한다. 미친 짓을 한참 하지만 오히려 혼란한 가운데 잠재된 자신의 많은 기운을 만날 수 있다.

(마술가게로 시작. 가게 주인 역할은 연출자와 보조자아

한 명이 함께 맡는다. 마술가게에 대한 기본 설명이 끝날 무렵, 맨발에 머리를 풀어헤친 여자가 무대로 올라온다. 그녀는 마술가게 주인들은 거들떠보지도 않고 혼자 히죽거리며 중얼대다가 넋 나간 듯이 마술가게 반대편 입구로 퇴장한다. 마술가게 주인들은 의외의 일에 놀란 듯이 잠시 당황한다. 그러다 남자 주인(연출가)이 무엇을 깨달은 듯 여자 주인에게 제의한다.)

　주인(남) : 난 지금 막 좋은 생각이 떠올랐어요. 우리 오늘
　　　　　　 가게 문을 열어 손님을 맞기 전에 저 미친 여자
　　　　　　 의 뒤를 쫓아가보면 어떨까요. 저 여자가 무슨
　　　　　　 생각에서, 어떤 느낌에서 저렇게 길거리를 방황
　　　　　　 하는지 우리 쫓아가서 살펴볼까요?

　주인(여) : 쫓아간들 뭐 뾰족한 게 있겠어요. 저 여자는
　　　　　　 그저 혼자 히죽거리며 걸어다닐 거고, 사람들
　　　　　　 은 저 여자를 피해서 달아나겠죠. 아마 멋모
　　　　　　 르는 애들이나 뒤따르며 놀려대겠죠.

　주인(남) : 우리 가게가 무슨 가게입니까? 우리 가게는 마
　　　　　　 술가게예요. 우리는 마술을 부릴 수 있다 이겁
　　　　　　 니다. 당신은 아직 마술을 잘 부릴 줄 몰라 그
　　　　　　 런 의문을 갖나본데, 내가 마술을 부려 당신에
　　　　　　 게 저 여인이 떠돌아다니면서 실제로 보고 듣
　　　　　　 고 느끼는 장면들은 어떤 것인지를 보여줄 테
　　　　　　 니 당신은 구경이나 해요.

　주인(여) : 저 여인이 환각 속에서 실제로 보고 있는 장면

들을 보여주겠다 이거죠. 거 참 재미있겠는데
요. 그럼 한번 보여주세요.

주인(남) : 이제부터 저는 마술을 부려 저 여인의 환각의
세계와 현실의 세계 사이를 구별지어 보여드릴
까 합니다. 지금 같은 밝은 빛 아래서 저 여인
은 그저 혼자 히죽거리며 중얼대는 미친 여자
에 불과하지만, 빨간 조명 빛이 무대를 채우게
되면 우리는 저 여인의 환각의 세계를 볼 수
있게 됩니다. 그러면 우리 모두 저 여인을 쫓아
가볼까요? 내키시는 분이 있으면 언제라도 무
대를 정지시키고 올라오시면 됩니다.

우연의 일치

(무대에 불이 모두 켜진 가운데 정신과 의사와 환자가 면
담실에서 서로 마주 앉아 있다.)

의사 : 오늘 퇴원하시죠? 그동안 고생이 많았습니다.

환자 : 별말씀을……. 오히려 선생님께서 수고 많이 하셨
습니다.

의사 : 퇴원하면 다시 재발하지 않도록 특히 신경을 쓰고
주의를 하셔야 할 겁니다. 특히 약을 잘 먹도록
하고 정신병에 걸렸을 때의 모든 기억들은 꿈같이
흘려보내도록 하세요.

환자 : 선생님 덕분에 많은 것을 깨달았습니다. 제가 착

각한 것들이 많은 것 같아요. 그동안 망상과 환청,
또 환각에 시달렸는데, 이제는 현실을 똑바로 보
도록 노력하겠어요.

의사 : 현실에서 살도록 해야죠. 이제 공상에 사로잡히는
것은 접어두고 앞날의 계획을 멋지게 세우고 추진
해보도록 하세요. 그럼 다음번 외래에서 만날 때
까지 잘 지내도록 하세요.

(환자는 인사를 하고 나간다. 보호자들이 환자를 반갑게
맞아준다. 조명이 꺼진 가운데 조용하게 음악이 흐르다 다
시 밝아진다. 무대 위에는 문이 놓여 있고 그 문 앞에서 환
자가 의자에 앉아서 앞으로 지나가는 사람들을 본다.)

환자 : 정신병에 처음 걸릴 때 나는 지나가는 이 사람들
이 모두 나와 관계된 사람인 줄 알았어. 이 사람
들이 내 애기를 수군거리며 내 눈치를 보고 있는
것 같았지. 그러나 지금 보니 이 사람들은 나와
전혀 상관이 없네. 그래. 그동안 내가 착각을 했던
거야. 신경이 극도로 예민해 헛것을 보았던 거지.

(환자, 명랑한 표정으로 앉아 있고 사람들은 짝지어 서로
애기하며 지나간다. 다시 조명이 어두워지다가 유채색을 띤
다. 사람들은 여전히 이따금씩 환자 앞을 지나간다. 명랑하
던 환자의 얼굴은 차차 진지하고 엄숙하게 바뀐다. 조명이
다시 밝아지면서 환자 앞으로 장님이 지나간다. 환자는 찡
그린 얼굴이 되어 무언가 골똘히 생각한다. 환자 앞으로 다
시 거지들이 지나간다.)

환자 : (벌떡 일어나며) 맞아! 이것은 분명히 착각이 아니야! 나는 지금 여기에 앉아서 내 앞으로 아마 장님이 지나갈 거라고 생각을 했었지. 그런데 바로 장님이 지나갔어. 이상하게 느껴졌지만 그래도 착각이려니 하고, 이번에는 혹시 거지가 지나갈지도 모른다고 생각했어. 그러니 또 거지가 지나간 거야. 이것을 어떻게 착각이라고 할 수 있겠어. (무대 밖에서 얼쩡거리는 거지를 보며) 저놈들은 분명히 단순한 거지잖아. 이건 착각이 아니야. 내 생각이 현실에서 일치하고 있는 거야.

(환자, 다시 의자에 털썩 주저앉으며 찡그린 얼굴이 되어 골똘히 생각에 잠긴다. 그러면서 주위에서 무엇을 찾으려는 듯 이따금씩 눈을 번득이며 사방을 본다. 이번에는 환자 앞으로 앉은뱅이가 지나간다.)

환자 : (킬킬 웃으며) 나는 방금 내 앞으로 난쟁이가 지나갈 것이라고 생각을 해보았지. 그랬더니 이번에는 앉은뱅이가 지나가네. 똑같진 않아도 난쟁이나 앉은뱅이나 그게 그거지 뭐! 누가 나를 분명히 감시하고 있는 거야. 내 생각을 다 알고 음모를 꾸미고 있는 거라고. 그게 아니면 세상이 나를 중심으로 돌아가고 있든지. 그래 나는 무언지 몰라도 굉장히 중요한 사람일 거야! 그러나 이번에는 신중해야지. 지난번같이 섣불리 확인하려 덤볐다가는 또 정신병원에 갈지도 몰라. 이번에는 꼭 나를

둘러싼 이 비밀을 확인하고야 말겠어.

　(환자, 눈을 번뜩이면서 자리에서 일어난다. 그러면서 지나가는 사람들 뒤를 쫓아 나간다. 그는 지나가는 사람들 뒤따라 무대를 한 바퀴 돌면서 혼자 무엇을 깨달았다는 듯이 머리를 끄덕이기도 하고 손짓을 하기도 하며 중얼거린다. 그러다가 사람들을 쫓아 무대 밖으로 나간다.)

　정신병이 고치기 어렵고 재발이 잦은 이유 중의 하나는, 이러한 우연의 일치라는 상황이 다른 정상인보다는 정신병 환자 주변에서 더욱 많이 일어나기 때문이다. 이는 단순한 착각이나 환상이 아닌 현실에서 실제로 그러한 일이 마음과 일치해서 생겨난다는 것이다. 이 현상을 심리학적으로 설명하기는 쉬운 일이 아니다. 자연현상이나 타인들이 우연히 우리의 마음과 일치해 반복해서 나타난다는 것은 단순한 심리학적인 이해의 차원을 넘어선다. 아마도 양자역학이나 상대성이론 등 현대 물리학이 좀더 발달하면 물리학적으로 규명할 수 있을지도 모르겠다. 그러나 지금도 이 현상은 우리가 맞닥뜨리는 현실이다. 특히 무의식의 기운이 강해서, 무의식에 의해 의식이 사로잡히는(정신병 현상) 사람들은 누구나 무수히 많은 교묘한 우연의 일치를 겪는다. 물론 여기에는 착각이나 환각, 망상적 지각, 마술적 사고도 그 일익을 담당한다. 그러나 무엇보다도 그 환자를 다시 정신병의 헷갈리는 세계로 끌어당기는 것은 (재발) 정말로 현실에서 환자의 마음과 일치해 일어나는 자연의 상황이다. 그것은 눈앞에서 확인한 것이기 때문이다. 이는 마치 점쟁이가 앞으로 일어날 일을 맞추는 현상과 유사하다. 융심리학에서는 이 복잡한 우연의 일치상황을 '동시성 현상'이라고 설명하고 있다. 그러나 우리는 이런 현학적인 설명을 떠나, 이런 현상이 정신병적으로 감정이 솟구칠 때는 언제라도 가능할 수도 있다는 것에 주의해야 한다. 이 드라마의 주인 공처럼 호기심을 가져 빨려들지 말고, '그럴 수도 있으려니, 내가 좀 예민해지고 있구나' 하는 마음자세로 스쳐 넘겨야 할 것이다. 왜 그런가 하고 빨려들게 되면 신비로운 세계를 경험할 수 있는데('신화의 세계를 걷는다'고도 표현), 결국 현실로부터는 점점 더 멀어질 뿐이다.

청소년 사이코드라마

청소년 사이코드라마 준비 단계

연출가가 무대 위로 올라가 다음과 같이 드라마를 소개한다.

우리는 이 사이코드라마를 통해 여러분들과 만날 뿐이지 그 밖의 다른 의도는 없습니다. 이곳에서 벌어지는 사이코드라마는 한마디로, 무대를 이용해서 노는 놀이라고 생각하시면 됩니다. 이 무대에서는 여러분들이 원하는 것은 모두 다 이루어질 수 있습니다. 여러분들은 원한다면 어떠한 것도, 심지어 강간이나 살인도 할 수 있습니다. 이 무대는 철저한 자유와 평등의 무대로, 법과 도덕이 없기 때문입니다.

이 무대 위에서 여러분들이 꼭 기억해야 할 것은 다만 다른 사람, 특히 관객의 시선을 절대 의식하지 말라는 것뿐입니다. 여러분들은 느낌이 떠오르는 대로, 하고 싶은 대로만 그냥 아무렇게나 하시면 됩니다. 어떻게 해야 한다는 원칙은 아무것도 없습니다. 이 무대 위에서는 여러분들을 절대 분석하거나 파헤치지 않습니다. 여러분은 이 무대 위에서 연기를 하다가 싫으면 언제라도 내려가도 좋고, 이 무대에서 자기의 이름이나 과거, 연기 내용 무엇이든지 다 속여도 좋습니다. 이 무대는 사실을 얘기해야 하는 무대가 아닌, 여러분들이 가지고 있는 느낌만을 자유롭게 표현하는 무대이기 때문입니다. 이 무대 위에서 벌어지는 것은 현실은 아니지만 현실과 조금도 다르지 않습니다. 현실의 삶도 지나가면 느낌만이 남듯, 이 무대 위에서도 연기를 하고 나면 남는 것은 느낌뿐입니다. 현실과 무대 둘 다 느낌만이 남기에, 현실과 무대는 다르면서도 같을 수 있을 것입니다. 여러분들 중 누구라도 좋으니 과거에 맺힌 한을 풀고 싶거나, 바랐던 소망을 이루고 싶은 분, 미래의 자기 모습을 만나고 싶은 분, 아니면 그냥 한바탕 놀고라도 싶은 분은 이 무대 위로 올라오십시오.

설명이 끝난 다음에는 보조자아가 간단한 즉흥 연기를 시범으로 보여준다든지, 관객 중의 누군가가 올라와 보조자아와 같이 즉흥 연기를 한다. 그 중에서도 서로 마음 놓고 욕을 하게 하는 욕타임 기법이 유용하게 쓰인다. 먼저 청소년 두 명을 무대 위에 올려놓고(한 명은 보조자아가 맡기도 함) 그들 사이에 금을 긋는다. 그런 후에 서로 상대에게 마음껏 욕을 하게 한다. 단 지켜야 할 사항은 금을 절대 넘어와서는 안 된다는 것이다. 준비 단계는 그날의 주인공을 선택하는 것으로 마무리된다.

초기에는 주인공을 선택하는 방법으로 다른 사이코드라마에서도 사용하는 '마술가게' '빈 의자 투사 기법' 등이 쓰였다. 그러나 이 그룹 청소년들의 호기심이나 동기화(motivation)를 자극하는 데는 다소 거리감이 있어 새로이 여러 가지 기법들을 만들게 되었다. '꿈가게' '자유의 의자' '가출여행' '무인도 기법' '영혼의 인도자' '그림자' 등이 그것이다. 주로 청소년들과 사이코드라마를 하면서 그들에게서 가장 많이 듣는 '가출' '무인도' '자유' 등의 이야기에 착안해서 만든 것들이다. 이 중 '무인도 기법'을 소개하면 다음과 같다.

(무대 중앙에 빈 의자가 한 개 놓여 있고 빈 의자 옆에 남자 한 명, 여자 한 명이 있다. 남자는 물구나무서기를 하고 있다.)

남자 : 얘, 얘, 꽃의 요정아. 우리 무인도에는 언제쯤 주인이 나타날까?

여자 : 글쎄, 오늘은 꼭 올 것 같은데.

남자 : (똑바로 일어나며) 아무래도 우리 정성이 부족한 것 같아. 그러니 벌써 일주일이나 기다려도 주인

무인도 기법의 한 장면.

님이 오시지를 않지.

여자 : 그래 맞아. 하지만 오늘은 꼭 멋진 주인이 나타날 거야. 그래서 줏대 있게 자신을 갖고 우리 섬을 이끌어나갈 거야.

남자 : 그래, 그래. 오늘은 그런 멋진 주인이 나타났으면 좋겠다.

여자 : 얘, 근데 혹시 우리 주인이 될 수 있는 분들이 우리 섬에 대해서 잘 모르고 안 나타나면 어떡하지.

남자 : 그렇구나. 그러면 네가 한번 우리 섬을 설명해봐라. 우리 섬이 어떤 섬이고 이 섬에서는 얼마나 재미있는 일들이 많이 일어나는지 그걸 한번 설명해봐.

여자 : (관객석을 향해) 우리 섬은 무인도입니다. 아무도 살지 않죠. 그러나 우리 섬은 바다 한구석에 외로

이 놓여 있는 단순한 무인도는 아니랍니다. 우리 섬은 꿈결에 떠다니는 꿈의 무인도랍니다.

남자 : 우리 섬에선 때때로 아주 신비로운 일들이 일어나기도 합니다. 이 섬에서는 앞으로 이 의자에 앉으실 주인님께서 원하시는 것은 무엇이든지 다 해줄 수 있기 때문입니다. 그가 원한다면 시간과 공간을 초월해서 어느 곳, 어떤 것이라도 다 가능케 해줄 수 있습니다. 그래서 과거 우리 섬을 다녀간 많은 주인님들은 우리 섬을 신비의 섬이라고 부르기도 했답니다.

여자 : 자, 우리 섬에 와서 자기를 마음껏 펼쳐 보이고 싶으신 분은 누구라도 좋으니 다 이리로 오셔서 이 의자에 앉으세요. 그러면 우리가 그분을 정성껏 모시겠습니다.

남자 : 자, 이 섬의 주인이 될 분을 기다립니다.

여자 : 애, 애, 그런데 우리 섬 저편에 숨어 있는 어두운 괴물에 대해서도 미리 애기해줘야 하지 않을까?

남자 : 글쎄. 그러나 그건 크게 상관할 것 없어. 그 괴물은 우리 주인님이 줏대가 있어서 자기 뜻과 고집대로 자신을 표현하기만 하면 아무런 힘도 쓰지 못하고 쭈그러들고 말 테니까.

여자 : 그래, 그래, 그건 나중에 적당한 때에 애기하자.

남자 : 자, 오세요. 꿈의 섬으로. 여러분들이 가장 가고 싶어하는 꿈속의 무인도로.

이 기법은 자아 정체성의 형성 과정에 있는 청소년들이 스스로 자기의 주인이 되어 판단하고, 결정하고, 행동하는 체험을 하도록 유도한다. 또한 성장 과정에서 필연적으로 맞부딪히는 고통에 대해서도 준비할 수 있도록 배열되어 있다.

청소년 사이코드라마의 실례

이렇게 해서 주인공이 정해지면 행동화 단계로 들어간다. 청소년에게는 그들 나름대로의 특징적인 고민들이 많다. 그중 일부를 소개한다.

공부와 진로문제

헤비메탈을 좋아하고 지미 페이지 같은 음악가의 길을 걷고 싶어하는 한 고등학생이 무대 위로 올라왔다. 부모와의 역할 전환을 위해 미래로 갔다. 그곳에서 그가 부모가 됐을 때 현재의 자신과 똑같이 갈등하는, 연극을 지망하는 자식을 만나게 하는 방식으로 극을 진행시켰다. 마지막에는 임종을 맞게 했다.

> 연출자 : 이제 임종의 시간이 5분밖에 안 남았어요. 일생을 살면서 자기 생을 한번 회고해보세요.
> 주연자 : 초등학교, 중학교는 철없던 때라 좋았고 고등학교 올라와서 조금씩 내 일에 대한 어떤 자신감

이나 나에 대한 내 삶을 찾아야겠다는 생각이 들었어요. 그리고 부모님에 대해 쌓여온 어떤 불만이 있어서 음악에서 돌출구를 찾았습니다. 음악이란 돌출구로 내 삶을, 내 삶을 한번 피워 보고자 여러 번 노력했죠. 근데 부모님은 반대했어요. 지금 생각하면, 부모님 말씀을 좀더 들었더라면, 조금만 더 좋은 대학에 갔었다면 기쁘게 됐겠죠. 지하에 계신 어머니나……. 하지만 그때 일에 대한 후회는 없어요. 내가 가장……그때 어쩌면 내가 가장 좋았을 거예요. 내 뜻대로 모든 걸 다 행할 수 있었고 다 펼 수 있었던……. 나이가 먹어서 어떠한 모험보다는 안정된 것을 찾아서, 그래서 이렇게 안정된 삶을 살아가고 있지만, 내 삶에 있어서 가장 후회가 되면서도 가장 좋았던 때는 음악을 한다고 부모님을 무던히도 속썩여드렸을 때 그리고 음악에 만족하면서 내 삶을 살았을 때……. 지금 물론 내 뜻대로 안 사는 것은 아니지만, 나의 지나온 생을 회고한다면 그래요. 가장 후회가 되는 건 내 자식이 계속 연극배우가 되도록 내 버려둔 거예요. 아직까지 그렇게 큰 인기를 얻고 있진 못하는데, 이제 내가 죽는데, 이제 내가 죽는데, 저놈은 누가 돌보나……. 그때 부모님도 이런 마음이 아니었을까 생각이 돼요. 내 자

식은 무슨 일이 있더라도 잘되길 바라지, 자식
이 나쁜 길로 빠지기를 바라는 부모는 없잖아
요. 그때 저의 부모님 맘이 그랬을 거예요. 내
자식은 어떻게 해서든지 훌륭한 사람으로 만들
겠다는……. (침묵.)

이 사례는 미래투사기법을 통해 부모님과 역할 교대를 시
킨 것이다. 청소년들은 흔히 성장 과정의 각 단계에서 자신만
이 옳다고 생각한다. 그러나 입장을 바꿔보면, 그것도 자기가
부모가 되어 자식과 대면하는 입장에서 보면 보다 더 절실히
상대(부모)의 입장(자식이 현실에 잘 적응하기를 바라는 마음)을
이해할 수 있게 된다.

자살

(무대 위에 빈 의자가 한 개 놓여 있다. 10대 후반쯤으로
보이는 청소년 한 명(김종한, 가명)이 걸어나오더니 의자에
앉는다.)

김종한 : (관객석을 향해) 내가 이 사회에서 얼마나 고생
했는지 아십니까? 나는 단돈 백 원이 없어서 걸
어다니고, 굶고, 업신여김을 당했어요. 내가 왜
여기 왔는지 아세요. 내가 다니는 공장의 주인
을 칼로 찔러 죽이려다가 미수에 그쳐 여기로
오게 되었어요. 그 주인은 나와 친구들이 전에

도둑질한 것을 알고서, 그걸 미끼로 우리를 계
속 협박하고 부려먹었어요. 그래서 나는 그를
죽이고 나도 죽으려고 했지요. 그러면 친구들만
은 무사하게, 자유롭게 될 테니까요. 아무튼 나
는 살고 싶지 않아요. 이 사회는 너무도 썩었고
불공평해요. 나는 더 이상 무시당하면서까지 이
사회에서 구차하게 생을 연장하고 싶지 않아요.

(탈을 쓴 남자가 과장된 몸짓으로 춤추면서 등장.)

광대 : 하하하, 친구야! 나를 봐, 하하하.

김종한 : 당신은 누구죠?

광대 : 나! 난 광대야. 난 이승과 저승을 넘나드는 광대
　　　지. 자넨 무얼 그리 골똘하게 생각하고 있나.

김종한 : 나는 이 세상이 싫어요. 죽고만 싶어요.

광대 : 그래! 그거 좋은 생각이야. 그럼 나하고 같이 죽음
　　　의 세계로 가볼까?

김종한 : 좋아요. 갑시다. 지긋지긋한 이 이승을 떠나 죽
　　　음의 세계로 들어갑시다.

광대 : 좋아, 그러면 내 손을 잡아. 그리고 눈을 감아.

(광대, 김종한의 손을 잡고 무대를 한 바퀴 돌자 무대가
어두침침해지며 네댓 명의 남녀들이 등장해 고개를 숙이고
어깨가 늘어진 음산한 몸짓으로 무대 위를 걸어다닌다. 김
종한, 다시 무대 위의 빈 의자에 앉는다.)

광대 : (지나가는 한 사람을 붙잡고) 당신은 누구요?

사람 1 : 나는 박승훈(가명)이오.

광대 : 당신은 왜 이렇게 구천에서 떠돌고 있죠?

사람 2 : 죽었기 때문이죠. 나는 죽었기 때문에 이렇게 걸어다니는 거요. 좀 앉아서 쉬고 싶기도 하지만 쉴 수가 없어요.

광대 : 자, 여기 당신들의 친구가 왔어요. 같이 데리고 다니시죠.

사람 2 : (김종한에게) 일어나, 일어나서 걸어. 저승에서는 앉아 있을 수가 없어. 일어나.

(사람들, 김종한을 일으킨다. 김종한, 쭈뼛쭈뼛하다가 마지못해 일어나 걷는다. 조명, 더욱 침침해진다.)

광대 : (김종한에게) 어때, 저승에 오니까?

김종한 : 이런 곳이 저승이라면 차라리 안 올 걸 그랬어요

사람 2 : 걸어. 가만히 서 있지만 말고 걸어. 자살한 영혼은 한곳에서 편히 쉴 수가 없어. 자, 걸어. (김종한을 떠민다.)

김종한 : (답답한 듯) 너무 음산해요. 이런 곳이 저승이라니. (걷는다. 갑자기 한 여인이 무대 위로 뛰어올라가더니 의자에 앉아 통곡을 한다.)

여인 : 아, 살려주세요. 나는 죽고 싶지 않아요. 제발 살려주세요.

사람 3 : 안 돼. 너무 늦었어. 너는 이미 저승의 문턱을 넘어섰어.

여인 : 안 돼요. 살려주세요. 저는 죽고 싶지 않아요.

사람 3 : 이미 때는 늦었어. 너는 네가 원하는 대로 이미

죽은 거야. 자, 일어나. 일어나서 걸어.

여인 : 싫어요. 살려주세요. 저는 죽기 싫어요. (흐느낀다.)

광대 : (김종한에게) 어때, 저 여인이? 너 같으면 저 여인
에게 어떻게 해주겠어?

김종한 : 살려주세요. 저 여인이 불쌍해요.

사람 2 : 안 돼, 그녀는 스스로 죽음을 택했어. 이제 와서
뒤늦게 후회한들 소용이 없어.

여인 : (울면서) 살려주세요.

김종한 : (사람들에게) 이 여인을 살려주시오. 이 여인이
불쌍하지도 않소.

사람들 : 안 돼.

(여인을 의자에서 강제로 일으킨다. 여인, 몸부림치나 어
쩔 수 없이 끌려서 일어난다. 여인, 당혹한 채 다른 사람들
을 따라 비틀비틀 걷는다. 여인, 차츰 표정이 없어지더니
다른 사람들처럼 고개를 숙이고 음산한 몸짓으로 뻣뻣이
걷는다.)

광대 : 어때, 저승에 오니까?

김종한 : 싫어요. 이런 곳이 저승이라니. 이런 줄 알았으
면 저승에 오는 것이 아닌데. 싫어요. 이젠 저승
이 싫어요.

사람들 : 싫어도 할 수 없어. 자, 걸어.

(사람들, 김종한의 어깨를 떠민다. 김종한, 당황한 표정으
로 관객석을 바라본다.)

무수히 급증하는 범죄나 자살은 대체로 삶에 대한 애착이 별로 없는 자들에게서 비롯된다. 그들에게는 삶에 대한 미련이 별로 없기 때문에 도덕적인 설득이나 삶에서의 형벌이 그다지 큰 구속력을 갖지 못한다. 아마도 그들의 선택 이면에는 '죽음'이란 고통의 종말을 의미하고 끝없이 평안한 안식을 가져다줄 거라는 기대가 있는 듯하다. 그러나 정말 그럴까? 사이코드라마는 이러한 의문을 주연자의 영혼에 제기한다.

가출

한번은 고등학생 소녀가 사이코드라마 주인공이 된 적이 있었다. 그녀에게 무대 위에서 하고 싶은 것을 마음대로 하라고 했다. 그러자 그녀는 곧 여자 친구와 가출해서 살림을 차리는 상황을 만들었다. 연출가는 그녀로 하여금 가출한 뒤의 삶을 충분히 맛보게 한 다음 무대를 왔다갔다 걸어다니게 했다. 그러면서 무대를 한 번 걸어서 지나갈 때마다 일 년이라는 시간이 흐른다고 상상케 했다. 그러자 그녀는 몇 번 왔다갔다하더니 스스로 극을 그만두겠다며 무대에서 내려왔다. 왜 그랬냐고 물으니, 그녀는 무대를 한 번 걸을 때마다 정말로 일 년씩 흐르는 느낌이 들었다고 말했다. 그러자 부모님이나 친근한 사람이 갑자기 몹시도 그리워져서 내려오게 되었다는 것이다.

과잉보호와 지나친 간섭을 받고 자라나는 청소년들은 언제나 탈출을 꿈꾼다. 그러나 탈출했을 때의 세상이 그렇게 복되고 풍요롭지 않음을, 외롭고 지칠 수 있음을 무대 위의 가출을 통해 체험케 할 수 있다.

돈이면 무엇이든지 다 된다

(두 명의 청소년이 나와 한 명은 아들, 한 명은 아버지 역할을 한다.)

아버지 : 애야, 앞으로의 꿈은 무엇이냐?

아들 : 저는요, 그러니까, 뭐라고 할까, 아버지 같은 사람은 되고 싶지 않고요.

아버지 : 네 아버지가 어떠냐.

아들 : 아니, 아버지는 너무 돈을 밝히기 때문에 나는 돈이 싫어요. 나는 죽어가는 모든 사람들을 위해 살고 싶어요. 나는 그 사람들에게 필요한 사람이 되고 싶어요. 너무 돈만 밝히지 않고.

아버지 : 그러면 네 미래에 대해서는 어떻게 생각하니?

아들 : 먼저 사업을 하고 싶어요. 사업을 해서 돈을 벌어서 내 나름대로 그러니까 자선사업을 하는 거죠.

아버지 : 애야, 잘 들어라. 이 아버지가 너희 엄마하고 결혼하기 전까지만 해도 이 아버지의 꿈은 우리나라 전체 거지를 없애는 마음뿐이었다. 아무리 대통령이 바뀌어도 길거리에 거지가 안 없어지는 게 우리 사회거든. 근데 이놈의 여자를 만나면서, 하, 그놈의 돈돈 하니 돈돈 할 수밖에.

아들 : 아버진 절 어떻게 키우실 거예요?

아버지 : 나는 너를 그러니까 법계통 쪽으로 공부하도록 키우고 싶어. 그리고 너 요사이 일어난 사건 알지. 그런 사건이 두 번 다시 일어나지 않도록 만드는 거야. 그리고 선량하게 피해를 보는 사람들에게도 아직까지 법이 살아 있다는 걸 확실하게 증명해주고 싶어.

아들 : 아니 저도 법률 쪽은 좋은데요 하도 정치인들이 그릇된 일들을 많이 하고……. 옳은 사람도 있지만 옳지 않은 사람이 너무 많기 때문에 나도 그런 사람들에게 물들까봐 겁이 나는 거예요.

아버지 : 나도 느꼈어. 경찰이란 사람이 민중의 지팡이가 돼야 하는데 지팡이가 되는 게 아니라 민중의 개가 됐어. 그런 사람들을 위하여 다시 법을 공부해야 되는 거야. 무슨 말인지 알겠지.

아들 : 네.

청소년들에게는 돈과 관련한 양극화된 태도가 복잡하게 섞여 있다. 가출을 해서 돈 많은 부인을 물어서 장사 밑천을 마련해보고자 하는 청소년, 경찰서 상황이 도입되면 어김없이 경찰이 돈을 받는 상황을 연출하는 청소년, 돈만 아는 부모에 대한 역겨운 반감 등. 하지만 대부분이 자기는 돈 때문에 부당한 인생을 살고 있다는 식이다. 이들에게는 그들이 부당히 대우를 받았다고 생각하는 그 상황으로 돌아가서 스스로 여러 상황을 선택하게 한다. 이러한 사이코드라마의 상황설정으로 어느 정도의 효과를 거둘 수는 있다. 그러나 결국 이런 문제는 정치, 문화, 철학적인 차원에서 우리 사회가 좀더 성숙해져야 해결될 것이다.

사이코드라마와 나

사이코드라마는 내 인생에 가장 큰 도움을 준 절친한 친구이다. 그래서 그동안 사이코드라마라면 어떤 어려운 여건이 있더라도 마다하지 않고 참가했던 것 같다. 사이코드라마도 하나의 치료 기법이니까 환자나 관객들에게 많은 도움을 준 것 같지만, 사실 가장 큰 도움을 받은 것은 내 자신이었다. 사이코드라마의 기본 원리인 자발성과 창조성이 내 삶에 큰 도움이 되었기 때문이다. 사이코드라마를 한 덕분에 나는 어떤 미지의 상황에 부딪혀도 겁을 먹지 않을 수 있었다. 더구나 나는 내 내면의 무한한 보물창고와도 만날 수 있었다. 그래서 나는 사이코드라마에 함께 참여하는 사람들에게 사이코드라마의 객관적 치료 효과보다는 주관적 치료 효과를 더욱 강조하곤 했다.

그러나 일반 사람들은 여전히 사이코드라마의 객관적인 효과에 보다 관심을 두는 것 같다. 그들은 사이코드라마가 어떻게 진행되고, 어떻게 저 미지의 상황을 헤쳐나가며, 어떻게 주연자가 자기 마음을 어렵사리 조금씩 드러내는가를 보지 않는다. 다만 이전에 주연자가 사이코드라마를 하기 전보다 얼마나 극적으로 많이 좋아졌는지만을 보고 싶어한다.

나는 가끔씩 관객들로부터 내 사이코드라마가 너무 가볍지 않으냐는 질문을 받을 때가 있다. 너무 웃고 흥청거리다가 끝나지 않느냐는 것이다. 그러나 거기에 대한 나의 답변은 항상 이렇다. 그 상황에서의 정답을 발견하기 위해 나는 최선을 다하고 있다고. 나는 지금까지 20년 가까이 사이코드라마를 했지만 단 한 번도 실패해본 적이 없다고. 그것은 최선을 다하는 이상 무대(신)는 연기자(인간)를 배반하지 않기 때문이라고. 내 사이코드라마가 가볍다면 그것은 그 상황에서 그것이 정답이기 때문이라고.

우리 사회에서 사이코드라마는 아직도 전시 효과적인 측면이 강하다. 진정한 치료 그룹을 형성하기 위한 노력을 기울이는 것보다는 일회적이고 단발적으로 끝나는 경우가 많은 것이다. 나 또한 그동안 여러 단체에서 사이코드라마를 해봤지만 깊게 치료해 들어갈 수 있는 여건을 지닌 무대를 만나기는 힘들었다. 90% 이상의 사이코드라마가 대개는 한 번으로 끝나야 했기에, 그 한 번에서 다룰 수 있는 문제는 극히 조심스러울 수밖에 없었다. 무대 위에서 주연자가 걸친 정신의 옷을 벗기기는 쉽지만, 그 옷을 다시 입혀준다는 것은 극히 어렵기 때문이다. 그러나 전시 효과적인 일회성 사이코드라마라고 해서 그 치료가 전혀 불가능하다고는 생각하지 않는다. 자발성과 창조성에는 어떤 상황에서든지 정답을 찾아낼 수 있는 힘이 있기 때문이다. 그렇게 해서 찾은 답이 웃음 속의 카타르시스이다. 웃음은 주연자의 쑥스러움을 덮어줄 수 있다. 그 안에서 주연자는 비교적 자유롭게 자기를 표현하고 평소 어려웠던 상황에 연극적으로 도전할 수 있다.

최근에 진지한 사이코드라마를 해보려고 소규모 그룹을 만들어 시도해본 적이 있었다. 그러나 어떤 그룹에서건 자기의 문제를 드러내놓는다는 것은 아주 어려운 일임을 새삼스럽게 체험해야 했다. 오랫동안 함께 사이코드라마를 한 경험 많은 보조자아들도 자기 문제를 내놓고는 견디지 못하는 것을 깨달았다. 또한 그 문제를 파고드는 것이 그에게 얼마나 큰 상처를 주는 일인지를, 그리고 가까운 사람끼리 반복해서 드라마를 하면 전이/역전이 문제가 복잡하게 얽힐 수밖에 없다는 사실을 반복해서 체험했다. 아마도 진지하고 깊이 있는 사이코드라마가 가능하려면 그 그룹 구성원들이 좀더 성숙해야 할 듯하다. 그래서 아마 외국에서는 폐쇄집단의 사이코드라마팀을 만들어 계속 자기들끼리 워크숍을 하는 게 아닐까? 아무리 깊은 상처를 주고받아도 충분히 그 상처를 아물게 할 시간을 함께 갖기 위해서 말이다.

물론 지금까지 나의 사이코드라마는 의미 있는 체험들이었다. 그러나 나의 진정한 사이코드라마는 이제부터이다. 그 첫걸음으로 내가 시도한 것이 라이프 디자인(life design)이다. 라이프 디자인이란 문자 그대로 상대의 삶을 디자인할 정도로 적극적으로 그의 삶에 뛰어드는 것이다. 극장에서만 사이코드라마를 하는 게 아니라 일상에서도 사이코드라마를 하는 것이다. 정신질환이 나으려면 과거의 삶의 태도가 죽고 새로운 삶의 태도가 탄생해야 한다. 그러자면 치열한 쟁투가 필요하다. 라이프 디자인은 사이코드라마를 일상에까지 확장한 개념으로 모레노 또한 이를 언급한 적이 있다. 그는 1912년 빈 의과대학의 정신과에서 프로이트의 정신분석 강의를 들은 후 프로이트에게 이렇게 말했다고 한다.

저는 선생님께서 하신 것과는 전혀 다른 데서부터 시작하려고 합니다. 선생님은 인공적인 시설인 당신 사무실에서 사람들을 만나시고 계시지만, 저는 사람들이 지나다니는 길거리나 가정이나 어디에서든지, 말하자면 자연스러운 환경에서 사람들을 만납니다. 선생님은 그네들의 꿈을 분석하지만, 저는 그네들에게 다시 한번 꿈을 꾸어보도록 용기를 북돋아주고자 합니다.

라이프 디자인에서 치료사는 환자의 삶에 적극적으로 개입하고, 어느 정도 홀로 설 수 있을 때라야 그를 독립시킨다.

정신질환은 퇴행으로, 퇴행이 심해졌을 때는 그 퇴행을 받아줄 수 있는 파라다이스가 필요하다. 그러나 인간은 관성의 법칙을 따르는 물리학적인 존재로, 좋고 편하면 그대로 머물러 있으려고 한다. 그 머무름은 극복되어야 한다. 어린아이 때의 의존심은 당연하지만 성인이 되어서까지 지속되는 의존심은 대인관계 및 사회관계, 건강한 삶을 위한 자기실현 등에서 많은 문제를 일으키기 때문이다. 세상은 최선을 다해야 적응할 수 있는 곳이지 언제까지 아이로 머물 수 있는 곳은 아니다. 라이프 디자인에서의 치료사는 자신의 치료 감각으로 환자에게 파라다이스를 꾸며줄 때와 그를 에덴동산에서 추방할 때를 결정해야 한다.

그 외에도 나는 카페 사이코드라마, 별자리 정신극회, 별자리 예술치료센터 등으로 사이코드라마를 확장하고 있다. 아마도 사이코드라마는 끝없는 화두로서 내내 나를 따라다닐 것 같다.

참고문헌

김수동·이우경, 「사이코드라마의 치료적 측면」, 『임상예술』, Vol.13 NO.1, November, 2002.

김영한, 「심리극이 학교부적응 청소년의 긍정적 자기개념 향상에 미치는 효과」, 가톨릭대학교 사회복지대학원 석사학위논문, 2000.

김유광, 「Psychodrama-J.L. Moreno 기법을 중심으로」, 『정신의학보』, 8권 3호, 1984.

박희석, 「사이코드라마의 이해」, 광주심리상담연구소.

선원필, 「사이코드라마 초심자의 자발성과 창조성 증진을 위한 사례연구-상황극을 중심으로」, 원광대학교 보건환경대학원 예술치료학과 공연예술치료전공, 2003.

최윤미, 『심리극』, 중앙적성출판사, 1996.

Blatner, A., *Foundation of Psychodrama : History, Theory & Practice*, New York : Springer(3rd eds), 1988.

사이코드라마

펴낸날	초판 1쇄 2004년 5월 30일
	초판 5쇄 2018년 10월 23일

지은이	김정일
펴낸이	심만수
펴낸곳	(주)살림출판사
출판등록	1989년 11월 1일 제9-210호

주소	경기도 파주시 광인사길 30
전화	031-955-1350 팩스 031-624-1356
홈페이지	http://www.sallimbooks.com
이메일	book@sallimbooks.com

ISBN	978-89-522-0236-9 04080
	978-89-522-0096-9 04080(세트)

054 재즈   eBook

최규용(재즈평론가)

즉흥연주의 대명사, 재즈의 종류와 그 변천사를 한눈에 알 수 있도록 소개한 책. 재즈만이 가지고 있는 매력과 음악을 소개한다. 특히 초기부터 현재까지 재즈의 사조에 따라 변화한 즉흥연주를 중심으로 풍부한 비유를 동원하여 서술했기 때문에 재즈의 역사와 다양한 사조의 특징을 쉽게 이해할 수 있다.

255 비틀스   eBook

고영탁(대중음악평론가)

음악 하나로 세상을 정복한 불세출의 록 밴드. 20세기에 가장 큰 충격과 영향을 준 스타 중의 스타! 비틀스는 사람들에게 꿈을 주었고, 많은 젊은이들의 인생을 바꾸었다. 그래서인지 해체한 지 40년이 넘은 지금도 그들은 지구촌 음악팬들의 많은 사랑을 받고 있다. 비틀스의 성장과 발전 모습은 어떠했나? 또 그러한 변동과정은 비틀스 자신들에게 어떤 의미였나?

422 롤링 스톤즈   eBook

김기범(영상 및 정보 기술원)

전설의 록 밴드 '롤링 스톤즈'. 그들의 몸짓 하나하나는 우리가 생각하는 것보다 훨씬 더 탁월한 수준의 음악적 깊이, 전통과 핵심에 충실하려고 애쓴 몸부림의 흔적들이 존재한다. 저자는 '롤링 스톤즈'가 50년 동안 추구해 온 '진짜'의 실체에 다가가기 위해 애쓴다. 결성 50주년을 맞은 지금도 구르기(rolling)를 계속하게 하는 힘. 이 책은 그 '힘'에 관한 이야기다.

127 안토니 가우디 아름다움을 건축한 수도사   eBook

손세관(중앙대 건축공학과 교수)

스페인의 세계적인 건축가 가우디의 삶과 건축세계를 소개하는 책. 어느 양식에도 속할 수 없는 독특한 건축세계를 구축하고 자연과 너무나 닮아 있는 건축가 가우디. 이 책은 우리에게 건축물의 설계가 아닌, 아름다움 자체를 건축한 한 명의 수도자를 만나게 해준다.

131 안도 다다오 건축의 누드작가

eBook

임재진(홍익대 건축공학과 교수)

일본이 낳은 불세출의 건축가 안도 다다오! 프로복서와 고졸학력, 독학으로 최고의 건축가 반열에 오른 그의 삶과 건축, 건축철학에 대해 다뤘다. 미를 창조하는 시인, 인간을 감동시키는 휴머니즘, 동양사상과 서양사상의 가치를 조화롭게 빚어낼 줄 아는 건축가 등 그를 따라다니는 수식어의 연원을 밝혀 본다.

207 한옥

eBook

박명덕(동양공전 건축학과 교수)

한옥의 효율성과 과학성을 면밀히 연구하고 있는 책. 한옥은 주위의 경관요소를 거스르지 않는 곳에 짓되 그곳에서 나오는 재료를 사용하여 그곳의 지세에 맞도록 지었다. 저자는 한옥에서 대들보나 서까래를 쓸 때에도 인공을 가하지 않는 재료를 사용하여 언뜻 보기에는 완결미가 부족한 듯하지만 실제는 그 이상의 치밀함이 들어 있다고 말한다.

114 그리스 미술 이야기

eBook

노성두(이화여대 책임연구원)

서양 미술의 기원을 추적하다 보면 반드시 도달하게 되는 출발점인 그리스의 미술. 이 책은 바로 우리 시대의 탁월한 이야기꾼인 미술사학자 노성두가 그리스 미술에 얽힌 다양한 이야기를 재미있게 풀어놓은 이야기보따리이다. 미술의 사회적 배경과 이론적 뿌리를 더듬어 감상과 해석의 실마리에 접근하는 또 다른 시각을 제공하는 책.

382 이슬람 예술

eBook

전완경(부산외대 아랍어과 교수)

이슬람 예술은 중국을 제외하고 가장 긴 역사를 지닌 전 세계에 가장 널리 분포된 예술이 세계적인 예술이다. 이 책은 이슬람 예술을 장르별, 시대별로 다룬 입문서로 이슬람 문명의 기반이 된 페르시아·지중해·인도·중국 등의 문명과 이슬람교가 융합하여 미술, 건축, 음악이라는 분야에서 어떻게 표현되었는지 설명한다.

417 20세기의 위대한 지휘자　　eBook

김문경(변리사)

뜨거운 삶과 음악을 동시에 끌어안았던 위대한 지휘자들 중 스무 명을 엄선해 그들의 음악관과 스타일, 성장과정을 재조명한 책. 전문 음악칼럼니스트인 저자의 추천음반이 함께 수록되어 있어 클래식 길잡이로서의 역할도 톡톡히 한다. 특히 각 지휘자들의 감각 있고 개성 있는 해석 스타일을 묘사한 부분은 이 책의 백미다.

164 영화음악 불멸의 사운드트랙 이야기　　eBook

박신영(프리랜서 작가)

영화음악 감상에 필요한 기초 지식, 불멸의 영화음악, 자신만의 세계를 인정받는 영화음악인들에 대한 이야기를 담았다. 〈시네마천국〉〈사운드 오브 뮤직〉 같은 고전은 물론, 〈아멜리에〉〈봄날은 간다〉〈카우보이 비밥〉 등 숨겨진 보석 같은 영화음악도 소개한다. 조성우, 엔니오 모리꼬네, 대니 앨프먼 등 거장들의 음악세계도 엿볼 수 있다.

440 발레　　eBook

김도윤(프리랜서 통번역가)

〈로미오와 줄리엣〉과 〈잠자는 숲속의 미녀〉는 발레 무대에 흔히 오르는 작품 중 하나다. 그런데 왜 '발레'라는 장르만 생소하게 느껴지는 것일까? 저자는 그 배경에 '고급예술'이라는 오해, 난해한 공연 장르라는 선입견이 존재한다고 지적한다. 저자는 일단 발레라는 예술 장르가 주는 감동의 깊이를 경험하기 위해 문 밖을 나서길 원한다.

194 미야자키 하야오　　eBook

김윤아(건국대 강사)

미야자키 하야오의 최근 대표작을 통해 일본의 신화와 그 이면을 소개한 책. 〈원령공주〉〈센과 치히로의 행방불명〉〈하울의 움직이는 성〉이 사랑받은 이유는 이 작품들이 가장 보편적이면서도 가장 일본적인 신화이기 때문이다. 신화의 세계를 미야자키 하야오의 작품과 다양한 측면으로 연결시키면서 그의 작품세계의 특성을 밝힌다.

eBook 표시가 되어있는 도서는 전자책으로 구매가 가능합니다.

㈜살림출판사
www.sallimbooks.com
주소 경기도 파주시 문발동 522-1 | 전화 031-955-1350 | 팩스 031-955-1355